L'AMI
DE LA MAISON

ROMAN DE MOEURS

Par Maximilien PERRIN,

Auteur de l'Amant de ma Femme, du Mari de la Comédienne, de la Servante Maîtresse, du Garde Municipal, de Vierge et Modiste, des Pilules du Diable, de la Fille de l'Invalide, de la Femme et la Maîtresse, etc., etc.

II.

PARIS
CHARLES LACHAPELLE, ÉDITEUR,
RUE SAINT-JACQUES, 38.

1842.

L'AMI DE LA MAISON.

Rabais Considérable
Romans à 3 fr. le Volume.

PUBLICATIONS NOUVELLES.
L. Guérin.

LES NUITS DE VERSAILLES, 4 v.	20 fr
LES SOIREES DE TRIANON, 2 v.	10
MADAME DE PARABÈRE, 2 v.	6
LE ROI DES HALLES, 2 v.	6
LES DAMES DE LA COUR, 2 v.	6
LA PRINCESSE LAMBALE ET MADAME DE POLIGNAC, 2 v.	6
LE TESTAMENT D'UN GUEUX, 2 v.	6
LE SERGENT DE VILLE, 2 v.	6
LA MODISTE ET LE CARABIN, 2 v.	6
LA FLEURISTE, 2 v.	6
UNE FILLE du peuple et une demoiselle du monde, 2 v.	6
UNE ACTRICE, 2 v.	6
UNE DAME DE L'OPÉRA, 2 v.	6
LE MARQUIS DE BRUNOY, 2 v.	6
LES PETITS ABBÉS et les mousquetaires, 2 v.	6
LA MAITRESSE DE MON FILS, 2 v.	6
MAGDELEINE la repentie ou la fille du capitaine, 2 v.	6
LA LOGE et le salon, roman de mœurs en société avec le baron de Bilderbeck, 2 v.	6
ISABELLE ou femme de chambre et comtesse, 2 v.	6

Le baron de Lamothe-Langon.

REINE ET SOLDAT, 2 v.	6
LE ROI ET LA GRISETTE, 2 v.	6
MONSIEUR ET MADAME, 2 v.	6
CAGLIOSTRO, roman historique, 2 v.	6
LA CLOCHE DU TRÉPASSÉ, 2 v.	6
LA NIÈCE DU CURÉ, 2 v.	6
BONAPARTE et le Doge. roman historique, 2 v.	6
MADEMOISELLE DE ROHAN, rom. histor., 2 v.	6
L'ESPION RUSSE, 2 v.	6

PUBLICATIONS NOUVELLES, format in-12.
Maximilien Perrin.

L'AMANT DE MA FEMME, 5 v.	6 50
L'AMOUR ET LA FAIM, 4 v.	5
LE MARI DE LA COMÉDIENNE, 5 v.	6 50
SOIRÉES D'UNE GRISETTE, 4 v.	5
LA FEMME ET LA MAITRESSE, 4 v.	5
LES MAUVAISES TÊTES, 4 v.	5
LA FILLE DE L'INVALIDE, 4 v.	5

E.-L. Guérin.

LA MODISTE ET LE CARABIN. 4 v.	5
LA FILLE DU CAPITAINE, 4 v.	5
ROBERT-MACAIRE et son ami Bertrand, 4 v.	5
L'IMPRIMEUR ou LES MAUVAIS CONSEILS, 5 v.	6
UNE DAME DE L'OPERA, 4 v.	5

Imprimerie de Pommeret et Guénot, rue Mignon.

L'AMI
DE LA MAISON

ROMAN DE MŒURS

Par Maximilien **PERRIN**,

Auteur de l'Amant de ma Femme, du Mari de la Comédienne, de la
Servante Maîtresse, du Garde Municipal, de Vierge et Modiste,
des Pilules du Diable, de la Fille de l'Invalide, de la Femme
et la Maîtresse, etc., etc.

II.

PARIS.
CHARLES LACHAPELLE, ÉDITEUR,
RUE SAINT-JACQUES, 38.

1842

L'AMI
DE LA MAISON.

CHAPITRE PREMIER.

ENCORE DEUX MOIS.

— Oui, voyez-le à son arrivée, capitaine, essayez de lui faire entendre raison, dites-lui qu'il ne peut espérer vivre désormais en bonne intelligence avec sa femme; avec celle qu'il a trompé avec tant d'indignité; dites-lui, que s'il consent à une séparation, que non-seulement je paierai ses dettes, mais que je lui accorderai en sus une pension viagère de deux mille francs, faisait entendre madame Bernard, à la suite d'un long entretien avec de Rinville, le soir et en l'absence de Lucia, retirée dans sa chambre.

— Comptez sur moi, ma chère dame, car j'approuve entièrement votre volonté. Votre fille ne peut rentrer avec un tel homme, Charles désormais ne doit plus espérer la possession de Lucia, dont il a perdu l'amour et l'estime, à qui il n'a même plus de rang ni d'asile à offrir. Mais vous, ma digne amie, me pardonnerez-vous le zèle maladroit qui me fit jadis vous offrir Charles pour l'époux de votre fille? fait entendre de Rinville en pressant affectueusement la main de madame Bernard.

— Oui, capitaine, parce qu'en nous parlant en sa faveur, vous étiez loin de prévoir sa conduite avenir, et qu'en Charles vous pensiez nous offrir un homme estimable.

— Et cet homme n'étant autre qu'un joueur, un débauché, faisons maintenant en sorte de soustraire à sa domination, aux malheurs qu'il lui prépare, la plus belle comme la plus douce des femmes.

— C'est là, capitaine, où tentent mes plus vifs désirs, et ce à quoi j'ai peine à décider Lucia qui, malgré tout ce qu'on lui en dit, hésite de consentir à cette séparation.

— Je suis même persuadé qu'elle y consentira encore moins, après avoir revu son mari, qui par un faux semblant de repentir, des sermens de sagesse et d'amour, parviendra facilement à reconquérir l'empire que jadis il exerçait sur elle.

— Vous m'effrayez, de Rinville.

— J'en suis désolé, mais les choses seront ainsi, répond froidement le capitaine.

—Mon Dieu! n'y aurait-il pas moyen d'éviter entre eux une entrevue, enfin, de décider ce Charles à rompre sans revoir sa femme.

— Pardon! il en est un que je viens de concevoir à l'instant, dont la réussite est certaine, mais dont l'exécution hardie dépend de vous.

— Parlez vite, de grâce! que faut-il faire? demande la dame avec empressement.

— Avant de m'expliquer, êtes-vous femme, dites-moi, à braver quelques niais scrupules afin d'assurer le repos de votre enfant.

— Pour cela, je me sens capable de bien des choses; expliquez-vous, de Rinville.

— Sachez donc que je ne connais qu'un seul moyen capable de décider Charles à rompre entièrement avec Lucia, et ce moyen n'est autre que de faire passer à ses yeux son épouse pour une infidèle.

— Hum ! il est violent et je doute de sa réussite, car Charles ne pourra y croire.

— Il y croira, si nous lui en donnons la preuve.

— Plaît-il ? capitaine ! voilà, par exemple, ce dont je vous défies, répond la dame tant soit peu offensée.

— Comprenez-moi donc, ma chère amie; cette preuve sera, il est vrai, de toute fausseté ; mais le cas important, c'est qu'elle paraisse réelle aux yeux de l'époux.

— Fort bien ! mais il faudrait alors que nous fussions secondés par Lucia, et elle n'y consentira jamais.

— Secondé ! pas le moins du monde : la pauvre femme doit tout ignorer, sous peine de non réussite.

— Comment nous y prendre alors ?

demande madame Bernard, en ouvrant de grands yeux.

— Donnez-moi carte blanche, et ne vous inquiétez de rien ; seulement, un matin, à l'heure que je vous indiquerai, faites en sorte que Lucia s'échappe furtivement de la maison d'Edouard.

— Quelle horreur ! Osez-vous bien conseiller une chose semblable ? Que ma fille se déshonore au point de feindre sortir du lit d'un autre homme que le sien ! s'écrie la dame avec indignation.

— Il faut que cela soit, ma chère amie, sous peine de vous voir reprendre votre fille par son mari, qui, sans cela, ne sera certainement pas assez maladroit d'abandonner une femme douce, sage, et qui, un jour, doit être l'héritière de quinze mille livres de rente.

— Que le monstre dissipera de nouveau avec d'ignobles courtisanes, ajoute madame Bernard aux observations du capitaine.

— Sans doute, d'autant mieux qu'il n'y aura plus là de parens pour le maintenir dans ses caprices. Pauvre Lucia! c'est alors que la misère, l'abandon, deviendront ton partage! soupire de Rinville douloureusement.

— Quel affreux pronostic! ah! capitaine, sauvez mon enfant de cet avenir odieux!

— Volontiers; mais faites alors ce que que j'exige dans vos intérêts.

— Je le ferai, capitaine : car, tout bien réfléchi, je préfère pour ma fille le mépris à l'amour hypocrite de son mari.

— Songez, chère dame, qu'il n'y aura que Charles qui croira à sa culpabilité, répond de Rinville.

— Mon ami, n'employons cependant cet expédient qu'à l'extrême rigueur.

— Je suis de cet avis, et vous promets

de faire tout afin de ne point y avoir recours.

— Ah çà, quoi donc engage ce Charles à revenir si tôt, avant même que ses affaires soient terminées.

— L'impatience, m'écrit-il, de revoir sa femme, d'implorer d'elle un pardon généreux.

— Ah! ah! j'espère bien qu'il n'en sera rien.

— Hum! moi je ne répondrais pas du contraire, s'il parvenait à la revoir.

— Savez-vous, capitaine, que vous avez agi prudemment en me remettant les lettres qu'il vous adressait pour Lucia, que parmi, il en est de fort attendrissantes, et qui auraient pu produire leur effet sur ma faible fille.

— Je m'en doutais; aussi me suis-je bien gardé de les lui remettre.

— Et pour quand ce Charles vous annonce-t-il son arrivée?

— Pour demain. C'est chez moi qu'il descendra, me marque-t-il.

— Grand bien vous fasse la présence d'un tel hôte, capitaine; surtout ayez soin de la garder pour vous, et de m'en exempter.

— Le plus qu'il me sera possible; mais, à votre tour, faites en sorte de bien cacher votre poule, afin que mon coq ne puisse l'approcher.

— Comptez sur ma vigilance, répond la dame.

Quelques paroles de plus, et de Rinville, voyant la pendule marquer neuf heures, prend congé de madame Bernard, et se dirige, à travers de longs couloirs, jusqu'à la porte d'une chambre qu'il ouvre doucement, et où il s'enferme sans bruit. C'est contre une mince cloison, et après avoir débouché une petite ouverture masquée par le rideau d'un lit, que le capitaine appuie son oreille, et prête la plus grande attention à l'entretien qu'Édouard et Lucia tenaient en ce moment dans la pièce voisine.

— Ah! Lucia, chère Lucia, s'écriait Édouard, assis près de la jeune femme, et presque prosterné devant elle, pardonnez de grâce à ma coupable conduite, à un transport plus puissant que ma raison, et laissez-moi vous exprimer encore un sentiment qui consume ma vie. Pitié, de grâce! pour un malheureux qui ne demande que le bonheur d'être votre esclave, sans autre prix que d'être souffert.

— Levez-vous, levez-vous, Édouard, répond Lucia du son de voix le plus sensible. Oui, je vous pardonne un amour qui, malgré moi, pénètre dans mon cœur, et que je suis lasse de craindre; oui, parlez-moi de votre amour, afin que je puisse me convaincre qu'il est sincère... Ah! que devez-vous penser de ce coupable aveu échappé de ma bouche? reprend Lucia après un instant de silence; mais c'est en vain que je voudrais vous cacher plus long-temps les tendres sentimens qu'a su m'inspirer votre noble conduite et vos soins touchans. Édouard, sachez donc enfin que je vous aime, et combien je suis coupable.

— Oh! répète-le, ce mot charmant qui comble d'ivresse et de joie celui qui t'adore celui qui fait serment de ne plus vivre que pour toi, répond le jeune homme, en enlaçant de ses bras le corps divin de la jeune femme.

— Je vous crois, Édouard, avec une confiance qui fera votre supplice si vous m'abusez. Moi de même, je jure d'être lié à mon ami par tout ce que la passion la plus forte peut permettre de sacrifices et de relations innocentes, mais jamais par une action qui dégraderait le sentiment le plus sublime. C'est vous dire, Édouard, que je mourrai l'épouse sans tache, la victime de M. Charles Dormer.

— Telle que soit la rigueur de ce serment, je suis heureux, ô ma Lucia, que la plus belle comme la plus intéressante des femmes n'ait pas craint de s'abaisser jusqu'à sacrifier en ma faveur un préjugé à un sentiment... S'abaisser, que dis-je, reprend Édouard, est-il rien de plus élevé, de plus sublime qu'une vérité touchante, que cet abandon d'une ame pure? O ma Lucia! chaque soupir que tu exhales, chaque mot de ta bouche est un titre d'adoration! Tu remplirais mille âmes comme la mienne, et ce serait trop peu pour ton empire et mes hommages. Tous ces jours que je passe près de toi sont pour mon cœur une chaîne de sensations passionnées, d'attendrissement, des larmes même, mais des larmes douces. Ah! s'il me fallait renoncer au bonheur de te voir et de t'entendre, cette privation, ma tendre amie, serait désormais au-dessus de mes forces, de ma raison : un seul de tes regards, douce Lucia, dit tant de choses à mon imagination enflammée! l'admiration où ta vue me plonge, le son de tes paroles, toujours pleines d'amabilité; cet ensemble incomparable d'agrémens de corps et d'esprit, tout en toi, enfin, me jette dans un ravissement dont l'idée m'enivre et la perte me désespérerait.

— Ah! que le ciel prenne pitié de nous, Édouard, et qu'il ne nous sépare jamais!... Et cependant c'est un crime que ce vœu échappé à mon transport, car je ne m'appartiens plus, hélas! Trompée par mon cœur, j'ai tout donné à l'homme que j'ai follement accepté pour époux. Demain, armé de ce pouvoir que je lui ai confié, il peut venir m'arracher de l'asile de ma mére, de vos bras, mon ami! Ah! la mort, alors, la mort mille fois, plutôt que de vivre encore avec celui qui s'est si cruellement joué de mon amour, de ma crédulité, qui a préféré à mes caresses les caresses d'une courtisane; celui enfin qui, pour prix de ma faiblesse, n'a cessé de m'abreuver d'humiliation.

— Hélas! tes craintes ne sont que trop fondées, ma Lucia. Oui, demain, je puis te perdre, te voir entraîner loin de moi, sans espoir de retour, dit tristement Morisson.

— Mon Dieu! mon Dieu! qu'un tel malheur n'existe pas! s'écrie Lucia avec désespoir.

— Lucia, chère Lucia! pour parer à cet accident funeste, suis donc les conseils d'une tendre mère : brise les liens qui attachent ta destinée à celle d'un homme indigne de te posséder; et, foulant aux pieds un funeste préjugé, demande aux lois de t'affranchir d'une odieuse obéissance.

— Oui, je le devrais : car lui-même, ne me donne-t-il pas l'exemple de l'oubli et de l'abandon? n'a-t-il pas fui sans daigner m'adresser un adieu, une consolation? depuis son absence, a-t-il seulement pensé à moi? m'a-t-il adressé le moindre mot de sa main? s'est-il informé si je n'ai pas succombé à la honte, au désespoir, à la misère, qu'il m'a légués en s'éloignant?

— Les juges feraient justice de tant d'ingratitude, Lucia, adressons-nous à eux.

— ... Oui, je le devrais, et je n'ose cependant, répond la jeune femme avec timidité.

— Chère Lucia! songe à ses droits sur ta personne, à sa coupable conduite, et prends pitié de notre amour! Va, crois-moi, ne livre plus à celui qui ne sait point les apprécier, qui ne les paie pas de toute son adoration, des charmes aussi parfaits que les tiens. O mon amie! par une faiblesse impardonnable, ne te prépare point un avenir de larmes et de douleurs, et ne détruis pas du même coup ton existence et la mienne.

— En effet! cette séparation devient nécessaire, et, malgré la honte qu'elle me prépare, j'y songerai, répond Lucia avec émotion.

Et, en entendant ces mots, de Rinville de frémir de joie et de haine.

— Édouard, reprend la jeune femme, après un instant de silence, il est de bonne heure, ma mère n'est peut-être pas couchée, passons chez elle, mon ami, car j'ai besoin d'entendre de nouveau ses conseils et de l'embrasser encore aujourd'hui.

Quelques mots de plus, pleins de tendresse et d'amour, puis les jeunes gens s'éloignent ensemble.

Cinq minutes d'attente, et le capitaine sort de sa cachette, se dirige vers la chambre de Lucia, que cette dernière a laissée ouverte, et où brûle encore une bougie. Alors de Rinville ouvre différens coffrets placés sur les meubles, examine les papiers qu'ils renferment, sans y trouver ce qu'il cherche. Ensuite, c'est vers le secrétaire qu'il se dirige avec vivacité, et dont il fouille les tiroirs.

— Des lettres! c'est cela même; à moi ces preuves! s'écrie-t-il, en s'emparant de plusieurs lettres écrites par Edouard, et adressées à Lucia.

Puis, après avoir refermé le meuble, de Rinville s'éloigne et court vers Paris.

CHAPITRE II.

LE LENDEMAIN.

— Enfin ! vous voilà donc de retour, mon cher Charles.

— Comme vous voyez, mon ami, mon cher de Rinville. J'arrive à l'instant même, et m'empresse d'accourir près de vous chercher quelques consolations à l'inquiétude, au désespoir qui me dévorent.

— Soyez le bien-venu chez moi, Charles, où, tout en déjeûnant, nous allons causer comme deux bons amis.

— D'abord, capitaine, des nouvelles de ma femme, demande le jeune homme avec empressement.

— Je la vois peu, mon cher, mais je la sais souffrante.

— Souffrante! ô ciel!

— Hélas! oui, des suites de vos diables d'affaires, qui l'ont fortement tourmentée.

— Capitaine, de grâce! que pense-t-elle de moi? Pourquoi n'a-t-elle daigné répondre à une seule des nombreuses lettres que je lui ai écrites?

— Où vous lui exprimiez sans cesse votre repentir et le désespoir de l'avoir offensée.

— Hélas ! oui, soupire Charles.

— Où vous lui juriez pour l'avenir, beaucoup d'amour et une conduite irréprochable ?

— Oui, capitaine, pourquoi ne m'a-t-elle jamais fait de réponse ? instruisez-moi, je vous en conjure.

— Hé, mon cher, pour une forte raison, c'est que votre femme furieuse contre votre conduite passée, blessée par vos infidélités, ne vous a pas encore pardonnée, et a juré même, de ne vous pardonner jamais.

— Est-ce possible ! quoi, ma Lucia, jadis si douce et si tendre, me garderait rigueur à ce point ! ah ! capitaine, ce que vous m'apprenez là me met au désespoir !

— J'en suis désolé, mon cher Charles, mais je réponds franchement à vos questions.

— De Rinville, il faut que je la voie aujourd'hui même, que je tombe à ses pieds, que j'implore et obtienne son pardon.

— Hum! voilà qui n'est pas des plus facile, et cela, pour deux raisons.

—Lesquelles? expliquez-vous, fait Charles avec vivacité.

— La première, qu'il serait fort dangereux pour votre liberté de trop vous montrer en public ; plusieurs de vos créanciers fatigués d'attendre l'effectif des promesses qui leur furent faites, s'étant déjà mis en mesure de vous faire arrêter ; secondement, c'est que je doute fort que Lucia consente à vous recevoir.

— Au ciel! elle porte la rancune à ce point! c'est impossible, capitaine ; Lucia connaît trop ses devoirs d'épouse pour oser ainsi se révolter contre la volonté de son mari.

— Elle le fera, mon cher, j'en suis certain d'avance.

—Non, je ne puis le croire, encore une

fois! que Lucia bonne et vertueuse, autrefois si docile à mes désirs, me contraigne aujourd'hui à employer mes droits de maître et d'époux.

— Elle vous y contraindra et vous n'oserez vous en armer, répond froidement de Rinville.

— Et la raison ?... fait Charles avec indignation.

— Est qu'il vous faudrait plaider pour avoir votre femme contre son gré, et que pour cela, vous n'avez ni argent, ni liberté.

— Hélas! mais je suis donc le plus malheureux des hommes! abandonné de tout ce qui lui est cher ? Ah! capitaine, pitié! et soyez-moi secourable! s'écrie Charles, en pressant la main de de Rinville, et la couvrant de larmes brûlantes.

— Parlez, que puis je faire pour vous, je suis prêt, répond ce dernier d'un langage hypocrite, et feignant une fausse émotion.

— Me sauver du désespoir, courir vers Lucia, lui exprimer ma douleur, mes regrets, lui dire que je n'ai jamais cessé de l'adorer, que je ne puis vivre chargé de sa haine, que je meurs si elle refuse de m'entendre.

— Diable! voilà une commission terriblement opposée à celle que votre femme elle-même m'a chargé de remplir près de vous.

— Parlez, quelle est-elle, s'écrie le jeune homme avec empressement.

— Dans l'état d'exaspération où je vous vois, Charles, ma délicatesse répugne à la remplir.

— Dites! dites! capitaine, hâtez-vous!

— Vous l'exigez absolument, eh bien, mon cher, au nom de Lucia, qui a juré de ne vous pardonner jamais; je suis chargé de vous proposer une séparation éternelle.

— Jamais! jamais! s'écrie Charles, pâle et prêt à succomber sous le poids de sa cruelle émotion.

— Plus, ce sont les lois à qui elle veut confier le soin de la prononcer, reprend de Rinville, sans pitié.

— Lucia! Lucia! est-il possible, cruelle! que tu consentes à me faire payer de ta perte et de ton mépris, des erreurs que je maudis moi-même! Oh! capitaine, ça ne peut être, ce malheur serait trop affreux! Moi, la perdre, perdre sans espoir de retour, tant de charmes et de grâces, ma Lucia, enfin, mon épouse, ma vie, mon bien le plus cher. Non, jamais! jamais! il faut que je lui parle, qu'importe ma liberté, que je la conjure, que j'arrose ses pieds de mes larmes, qu'elle entende ma voix suppliante, lui exprimer mon amour et mon repentir.

— Pauvre Charles! que je vous plains! soupire de Rinville.

— Conduisez-moi près d'elle, mon ami, que votre voix s'unisse à la mienne, venez, venez de grâce! reprend Charles, en joignant des mains suppliantes et quittant le siége sur lequel il était assis.

— Un moment, ne brusquons point ainsi les choses, laissez-moi au moins le temps d'engager Lucia à l'entrevue que vous souhaitez, et pour cela, je vous promets de me rendre ce jour à Passy, où la mère et la fille ont fixées leur domicile depuis la mort de l'ami Bernard, dont je vous ai fait part dans une de mes lettres; aujourd'hui donc, je vous promets de tout entreprendre près de votre femme, afin de l'ammener à une réconciliation, dont je désespère pourtant, mon cher Charles.

— Pourquoi, de Rinville, la juger implacable? Ah ! je connais mieux que vous le cœur de ma Lucia.

— Et mieux instruit que vous, de ce qui se passe maintenant dans ce cœur ; il m'est, croyez-moi, permis de désespérer de son retour vers vous.

— Je ne puis, capitaine, deviner le sens de votre cruel pronostic, dit Charles, en fixant un regard inquiet sur de Rinville.

— Cependant, je ne peux m'expliquer davantage avant d'avoir revu Lucia, attendez donc avec courage et patience, mon cher, les résultats de l'entretien que je vais avoir avec elle.

— Partez donc, de Rinville, et hâtez votre retour.

— Où comptez-vous m'attendre ?

— Chez vous, si vous y consentez.

— Volontiers, plus même, je vous engage à y demeurer l'espace de quelques jours, afin d'y braver en sûreté, les recherches de vos créanciers.

Quelques heures plus tard, de Rinville, après avoir laissé Charles chez lui et s'être dirigé vers Passy, s'asseyait près de madame Bernard, à qui il venait de demander un entretien particulier.

— Quoi, il est de retour?

— Oui, chère dame, ce matin Charles est descendu chez moi.

— Pauvre comme Job, sans doute, et aspirant après quelques pièces de monnaie, afin d'aller en hâte les jeter sur le tapis d'une roulette? demande madame Bernard avec ironie.

— J'ignore, si tel est son désir, mais notre gaillard revient frais et dispos, accompagné de force projets de fortune.

— Le sans-cœur! fait la dame en haussant les épaules; ah ça, reprend-elle, vous a-t-il parlé de sa femme?

— Sans doute, plus, vous voyez en moi le messager chargé de la lui ramener.

— Vous plaisantez, capitaine.

— Non pas, car Charles prétend qu'il ne peut vivre sans elle; et sur mes doutes, que Lucia consente à retourner près de lui, notre homme menace d'employer son autorité maritale, afin de l'y contraindre.

— Vous m'effrayez, de Rinville, vous ne lui avez donc pas fait part tout de suite de notre projet de séparation?

— Tout de suite, mais il nous brave.

— Ah! il nous brave! eh bien, nous verrons qui l'emportera de lui ou de nous?

— D'avance, je vous donne gain de cause, à condition que vous me seconderez, chère dame, dans tout ce que mon amitié se propose d'entreprendre en vos intérêts, répond de Rinville.

— Je consens à tout, capitaine, expliquez vite ce qu'il faut faire.

— Je vous l'ai dit, me permettre d'accuser Lucia d'adultère.

— Hum! voilà qui serait affreux de souiller, d'un pareille crime, la réputation de la femme la plus vertueuse du monde.

— D'accord; aussi, est-ce cette même vertu, qui attache si fortement l'époux à sa femme ; calomnions-la, et Charles désillusionné, cesse d'aimer Lucia.

— Etes-vous certain, capitaine, que l'intérêt ne l'emportera pas chez cet homme, sur tout autre sentiment?

— Alors quelques billets de banque, une pension viagère, nous assureraient sa soumission à nos désirs ; faites donc, ma chère amie, ce que mon amitié vous conseille, et fiez-vous à moi pour le succès de cette affaire; oui, je vous le répète, ajoute de Rinville, faites en sorte que Lucia sorte demain matin, seule, de chez Édouard, et je vous réponds de la docilité du mari.

— Très bien ! mais de quel prétexte se servir envers M. Morisson, pour que ma fille et moi nous passions la nuit sous son toit, s'informe madame Bernard.

— Rien de plus facile ; Charles, de retour, veut revoir sa femme qu'il sait être chez vous, ce soir même il prétend venir la réclamer, faire un honteux esclandre et l'emmener de force ; en voilà assez pour effrayer deux femmes, et les contraindre à demander asile et protection à leur ami commun.

— Capitaine, vous avez ressource à tout, et d'excellens expédiens ; oui, je veux employer cette ruse, et j'ose vous en garantir le succès ; seulement, faites en sorte d'effrayer Lucia, afin de vaincre ses scrupules ; puis, je me charge du reste ; quant à M. Morisson, inutile de le prévenir, notre présence chez lui ne pourra lui être que des plus agréables...

— J'ose vous l'assurer, madame, ainsi donc, demain de grand matin, Lucia sortant seule de la demeure de son amant prétendu.

— Comptez sur moi.

— Un mot encore, dit de Rinville, ne prévenez pas Lucia de ce déplacement; rendez-vous la première chez Édouard, et qu'un message envoyé par vous, à votre fille, la contraigne de venir vous rejoindre aussitôt : une voiture la conduira à Auteuil.

— Soit, les choses se feront ainsi, répond la dame. Et le capitaine s'éloigne après de nombreuses recommandations encore ; puis, se rend chez Lucia, qui depuis son retour chez sa mère a repris la chambre qu'elle y occupait étant demoiselle.

— Ce que m'a annoncée ma mère, serait-il vrai, capitaine, Charles revient aujourd'hui ? demande aussitôt la jeune femme à de Rinville, qui la surprend triste et pensive, assise près d'un bureau.

— La chose est réalisée, car votre mari s'est chez moi présenté ce matin.

— O ciel! fait Lucia effrayée par cette nouvelle.

— Oui, je l'ai revu, frais et bien portant, toujours le même, l'esprit joyeux et chargé de cent projets de fortune.

— Vous a-t-il parlé de moi? demanda Lucia tremblante.

— Certainement, ainsi que des ressources qu'il espère tirer de la fortune de votre mère, qui sans doute, selon son dire, ne refusera pas de confier à son gendre une centaine de mille francs nécessaires à la formation de la vaste entreprise qu'il projette.

— Mais, de moi, de moi, capitaine, que dit-il, que pense-t-il?...

— Qu'aussi indulgente que belle, vous avez oublié ses folies, ses erreurs de jeunesse, et ne ferez nulles difficultés de venir de nouveau embellir par votre présence, son existence et sa demeure.

— Il se trompe cruellement, M. de Rinville, car mon parti est pris, je ne veux plus le revoir; oui, mon cœur repousse désormais avec force, un homme incorrigible, dont je ne reçus jamais que des témoignages de perfidie et d'ingratitude.

— Voilà des paroles qui annoncent un terrible désappointement pour ce cher Charles, dont j'admirais ce matin l'aplomb et la gaîté folâtre.

— Quoi! il riait, l'osait-il bien, le perfide? fait Lucia en soupirant.

— Et de fort bon cœur, surtout en m'exprimant le bonheur de vous presser bientôt dans ses bras, en me dépeignant ensuite l'heureuse vie qu'il menait en Belgique, pays superbe, selon lui, et où les femmes sont admirables de tendresse et de coquetterie.

— Assez, assez, monsieur de Rinville, ces paroles m'irritent et me font mal.

— Je me tais alors, pour ne plus nous occuper ensemble que du moyen de parer au malheur qui vous menace...

— Un malheur ? interroge Lucia.

— Sûrement, celui d'être arraché de la demeure de votre mère, à votre vie paisible, pour suivre votre mari où bon lui semblera de vous conduire.

— Le suivre ! oh ! jamais. Mais vous ne lui avez donc pas dit, monsieur, que sa femme a cessé de l'estimer, que son vœu le plus ardent est de rompre les liens qui l'attachent à lui !...

— Pardonnez-moi...

— Eh bien ?...

— Il rit de ces menaces, et traite votre colère de dépit jaloux, de bouderie enfantine, que sa vue et quelques paroles de sa bouche anéantiront aussitôt.

— L'indigne! me croit-il aussi lâche que lui? j'espère, capitaine, que vous vous êtes empressé de le détromper.

— Pourriez-vous en douter? mais n'ajoutant nulle foi à mes paroles, et, décidé à se servir de ses droits contre madame votre mère, dont il redoute seule l'opposition, Charles est décidé à vous enlever de force de cette demeure, s'il devait rencontrer quelques obstacles à ses volontés.

— Mon Dieu! que faire? je suis perdue! ah! capitaine, secourez-moi contre la violence de cet homme! s'écrie Lucia éperdue.

— Calmez-vous, ma chère, et fiez-vous à mon amitié, pour réparer le mal qu'elle vous fit jadis, en travaillant à votre union avec le plus mésestimable des hommes.

— Oui, soyez mon sauveur, garantissez la pauvre Lucia du malheur dont la menace un être qui sut se rendre indigne de l'amour dont elle le combla, d'un homme qui désormais ne saurait la rendre heureuse.

— Secondez donc les efforts que je vais tenter, afin de vous ravir à sa domination, cela, en échappant avec soin à sa vue, en fuyant ses paroles trompeuses, ou déjouant toutes les ruses qu'il ne manquera pas d'employer afin de se rapprocher de vous.

— Oh! telle sera mon unique occupation. Mais hâtez-vous, capitaine, car plutôt mourir que de vivre de nouveau avec un semblable époux.

Quelques paroles encore, et de Rinville, fière du triomphe de ses ruses, entrevoyant le succès d'une vengeance prochaine, s'éloigne en souriant avec joie, et regagne Paris; puis sa demeure où l'attendait, inquiet et tremblant le triste époux de Lucia. Avant de se présenter à lui, de Rinville a eu soin de se composer un visage sombre et affecté, dont la vue fait frémir l'infortuné Charles.

— Capitaine, quelle nouvelle! bien triste hélas! je le lis dans vos yeux? s'écrie le jeune homme en se précipitant à la rencontre du perfide.

—Oui, triste, bien triste, mon pauvre ami, répond de Rinville en pressant avec un faux semblant d'affection la main de l'époux de Lucia.

— Ah! parlez, parlez, Lucia me repousse, refuse de me voir, de m'entendre, n'est-ce pas?

— Vous avez deviné; rien n'a pu vaincre sa colère, elle vous hait, dit-elle, et repousse toute réconciliation.

— Oh! ciel, suis-je assez puni! s'écrie l'infortuné en fondant en larmes, et sur un siège, tombant anéanti.

— En vain, ma voix s'est-elle fait entendre en votre faveur, en vain ai-je prié, supplié, dépeint vos regrets, votre repentir, rien! la cruelle est restée inexorable.

— Lucia! Lucia! oh! toi qui disait tant m'aimer, qui me donna tant de preuves de ton amour, hélas! devais-je m'attendre à une semblable rigueur de ta part?... Mais non! impossible que toi, si douce et jadis si tendre, tu sois en ce jour impitoyable envers moi; ton cœur, en si peu de temps, n'a pu changer à ce point, ne peut rester sourd à ma douleur, à mon repentir; oui, c'est à tes pieds, en les mouillant de mes pleurs, que je veux moi-même implorer mon pardon, t'exprimer le regret cuisant de mes offenses et réclamer le don d'un cœur que tu m'avais donné et sans lequel je ne puis plus vivre désormais! Lucia, tu m'entendras réclamer ta précieuse possession, tu me verras mourir de douleur à tes pieds, si tu demeures inexorable... Venez, venez, capitaine, conduisez-moi vers elle, termine

Charles hors de lui en se levant vivement et cherchant à entraîner de Rinville.

—Gardez-vous, mon ami, de courir exposer votre désespoir à l'insulte de gens qui maintenant vous dédaignent et vous chassent pour toujours de leur présence. Gardez vous d'aller vous humilier vainement aux pieds de la femme qui ne vous a retiré son cœur que pour l'offrir à un nouvel amant, la femme, enfin, qui en aime désormais un autre et ne vous offre plus qu'une séparation éternelle qu'elle demande aux lois.

—De Rinville, au nom du ciel! que parlez-vous d'amant, de cœur ravi à ma tendresse et donné à un autre? interroge Charles avec effroi en fixant un regard désespéré sur le capitaine.

— Je dis, mon infortuné ami, que celle pour qui en cet instant, vous versez d'aussi abondantes larmes, est devenue indigne de votre amour et de vos regrets.

— La cause, la cause, mon dieu !!! car ce que vous venez de me faire entendre ne peut exister et n'est autre dans votre bouche, qu'une exécrable calomnie ! s'écrie Charles avec violence.

— Ce que je dis est la pure vérité, Lucia vous est infidèle.

— Vous mentez ! capitaine.

— Lisez donc ces lettres d'Edouard adressées à votre femme, et que pour vous convaincre j'ai saisi ce matin même, dans un des meubles de Lucia, répond froidement de Rinville, en jetant lesdites lettres sur un bureau.

Alors Charles se précipite dessus, s'en saisit, les ouvre, puis, après avoir lu, demeure pâle et anéanti.

— Est-ce possible, grand dieu ! elle l'aime, elle m'oublie !

Et l'infortuné affaissé par l'excès de sa douleur, tombe évanoui dans les bras de de Rinville. Une heure entière sans connaissance, puis il revient à la vie, ainsi qu'à ses souvenirs ; puis un torrent de larmes débordent sa paupière, de douloureux gémissemens s'échappent de son sein.

— Allons, du courage, mon jeune ami, et en comblant ses souhaits perfides, répudiez une épouse infidèle, indigne de vos regrets et de vos larmes ; fait entendre de Rinville en soutenant la tête de l'infortuné à qui il s'adresse.

— Non, je ne puis croire encore à tant de perfidie, soupire Charles péniblement.

— En voulez-vous une preuve plus convaincante encore ! eh ! bien mon amitié, jalouse de vous arracher à l'état pénible où vous réduit en ce moment votre faiblesse pour une femme adultère, consent à vous les donner dès demain, mais, ajoute de Rinville, ce n'est que dans l'espoir que désillusionné sur la prétendue vertu de

Lucia, votre cœur ne conservera plus pour cette indigne épouse que haine et mépris.

— Oui, que haine et mépris, je vous le jure! répond Charles.

— Plus, reprend le capitaine, qu'après avoir vu votre femme s'échapper de grand matin de la demeure de son amant, après avoir passée la nuit à ses côtés, que vous ne serez pas assez lâche pour ne point invoquer, vous-même, une prompte séparation.

— J'en fais encore le serment; car après tant d'infamie, tous liens entre elle et moi sont à jamais rompus, libre alors, aux lois de prononcer notre éternelle sérapipition, puis, à moi de mourir après de honte et de douleur.

— Mourir! non pas, dites plutôt, d'oublier dans les plaisirs d'une folle vie, dans les bras de vingt beautés, l'infidèle que vous aurez répudié.

— Edouard! perfide ami, ta vie, oui ta vie! pour prix d'une telle offense! exclame Charles, après un instant de silence, employé à ranimer ses forces.

— Oui, la mort pour une semblable offense! la mort! pour celui, qui, se jouant de notre honneur, de notre repos, nous ravit, sans pitié, le cœur de l'épouse adorée, dans qui nous plaçons toutes nos affections; la mort! à celui qui, pour satisfaire un passager caprice, détruit en jouant l'édifice de notre bonheur sur cette terre, et nous condamne à d'éternels regrets! N'est-ce pas, Charles, qu'il mérite bien toute notre haine, celui-là, et qu'il doit être doux de lui déchirer, chaque jour, le cœur par lambeaux? fait entendre de Rinville en fixant sur le jeune homme un regard où se peint la fureur et l'ironie; regard terrible, dont Charles, dans son profond abattement, ne saisit ni l'expression ni l'application.

— Ainsi donc, reprend le capitaine, vous consentez à ce que je vous fournisse cette dernière preuve, à me suivre demain, avant le jour, à Auteuil, à y attendre avec impatience, non loin de la demeure d'Edouard, l'apparition de Lucia?

— Oui, je consens, répond Charles d'une voix entrecoupée par les sanglots.

— Plus, vous me jurez d'être prudent, de contenir votre transport et de laisser passer en silence votre infidèle!

— Tout ce qu'il vous plaira, je le promets.

— A demain donc! fait de Rinville, en prenant congé de Charles à qui il promet un prompt retour et qu'il abandonne à sa douleur profonde. C'est vers la demeure de Lolotte qu'il dirige ses pas et près de cette dernière qu'il est aussitôt introduit.

— D'où venez-vous, capitaine, depuis un siècle que je ne vous ai vu, et que je désire votre présence? dit la jeune femme occupée en ce moment à sa toilette.

— Que n'ai-je connu ce désir flatteur, ma toute belle, combien je me serais empressé de m'y rendre.

— Charmante réponse, mais qui ne satisfait nullement ma demande.

— J'arrive de chez moi en cet instant; quant à ce qui m'a privé si long-temps du bonheur de vous rendre mes devoirs, n'en accusez, ma gracieuse, que les nombreuses occupations que me donne sans cesse la chère famille à qui je me suis voué.

— La famille Bernard! eh bien! que se passe-t-il, tout marche-t-il au gré de vos désirs? que devient Charles? que fait Lucia?

— Que de questions! fait de Rinville en fixant attentivement la jeune femme.

—Allons, répondez donc d'abord, comment vont les amours du beau Morisson et de la chaste Lucia?

— Doucement, des billets doux, peu de rendez-vous! enfin, joujoux d'enfant! extases platoniques qui n'aboutissent à rien, si je ne m'empresse de faire de la jeune femme une épicurienne, répond de Rinville.

— Je croyais les choses beaucoup plus avancées, et que le charme de ce nouvel amour empêcherait seul Edouard de venir me visiter, ainsi que je l'en ai prié lorsqu'il vint m'engager à retirer ma plainte. Maintenant, ajoute Lolotte, que fait Charles?

— Il s'amuse à se désespérer, il pleure la perte de sa volage moitié.

— Ainsi donc, les choses en sont venues où vous vouliez les amener, et votre vengeance est complète?

— Pas encore, car l'adultère n'est point consommé. Non, je n'ai pas eu la main heureuse pour le choix d'un séducteur : cet Edouard, ce Céladon, ce composé de vertus, de larmes et de soupirs, n'était nullement l'homme qu'il me fallait.

— Qu'importe ! que la jeune femme ait failli oui ou non ; pour vous les résultats sont les mêmes, si vous avez eu l'adresse de persuader à Charles que sa honte était achevée.

— Pas tout-à-fait, ma chère ; car il suffirait, en ce moment, d'une entrevue, d'une simple explication entre les deux époux pour les convaincre de mon imposture et détruire tout mon ouvrage.

— Folie, peur panique que la vôtre ; car, lorsqu'un mari se croit cocu, il est, je vous jure, plus difficile qu'on ne pense, pour ne pas dire impossible, de le lui retirer de l'idée.

— N'importe, je veux que la chose soit réelle, quand moi-même je devrais accomplir le sacrifice, dussé-je employer le rapt et la violence.

— C'est à quoi il faudra en venir, capitaine, si vous tenez essentiellement au positif, répond Lolotte en souriant.

— Peut-être! au surplus, la tâche serait délicieuse, avouez-le; aussi, en suis-je des plus friands et me garderai fort de la confier à d'autres, s'il ne fallait pour l'atteindre employer les moyens extrêmes.

— Capitaine, savez-vous la raison qui, depuis quelques jours, me faisait désirer vivement de vous voir, et m'a fait vous prier de passer chez moi ?

— J'attends, ma toute belle, que votre jolie bouche daigne me l'expliquer.

— Eh! bien, c'est afin de vous faire une confidence.

— En vérité ! voyons, j'écoute.

— Capitaine, sachez donc que j'aime Edouard Morisson, dont la vue a seule suffi pour me rendre folle d'amour.

— En vérité ! quel caprice ! fait de Rinville en grimaçant.

— Rien de plus vrai; c'est vous dire, mon cher, qu'il faut désormais arrêter votre vengeance au point où elle en est, et me céder, auprès de Morisson, la place que vous avez assignée à Lucia. Libre à vous ensuite d'achever comme vous l'entendrez la tâche que vous réserviez au séducteur.

— Très bien ! mais, en vertu de quel droit, ma toute belle, venez-vous m'imposer cet ordre ? dit de Rinville avec ironie.

— En vertu du pouvoir que me donne la connaissance de vos intrigues, en ce que d'un mot je puis vous démasquer aux yeux de Charles et de Lucia, en ce que je puis restituer à Charles la somme immense que je tiens de sa générosité, et rétablir la paix et l'aisance dans son ménage.

— Erreur, ma chère! il n'est plus temps; Lucia, peu sensible aux pertes pécuniaires, les eût toutes pardonné à son époux, et l'inconstance seule de Charles lui a altéré pour jamais le cœur de sa femme.

— N'importe! n'est-il pas le maître de Lucia? et si la gêne l'empêche en ce moment de faire valoir ses droits sur elle, eh! bien, je paierai ses dettes et le mettrai à même de rétablir sa maison, d'être libre et indépendant.

— Êtes-vous certaine que Charles, après avoir accepté vos bienfaits, consentira à reprendre une femme qu'il croit parjure?

— Je vous ferai si bien connaître à lui, je lui donnerai tant de preuves de la vertu de sa femme, qu'il finira par lui demander pardon de ses doutes injurieux, et sera trop heureux de la posséder de nouveau.

— Et moi, je lui procurerai des preuves tellement convaincantes comme quoi son épouse a cessé de l'aimer, qu'il se gardera fort de la reprendre. Or, ce serait donc en pure perte que vous auriez donné essort à votre rare munificence. Mais, ainsi que deux fous, ma chère, nous discutons en pure perte, ajoute de Rinville en prenant un air sérieux, lorsqu'il y a tant de moyens de s'entendre...

— C'est très possible; mais prouvez-le-moi, interrompt Lolotte.

— Soit! Ainsi donc vous dites aimer Edouard et vouloir le posséder sans partage; pour cela vous exigez, de mon amitié pour vous, que renonçant à mes projets, je fasse en sorte de rompre brusquement la liaison intime du jeune homme avec Lucia.

— Oui, répond Lolotte avec fermeté.

— Eh! bien, j'y consens, et de grand cœur; car, comme je vous l'ai dit il y a un instant, cet homme ne remplit nullement mes intentions : son platonisme, son sang-froid, ses éternels scrupules me font désespérer de son triomphe près de la Lucrèce, qu'un instant de bonne opinion m'a fait lui jeter dans les bras. A vous donc, ma charmante, la gloire d'animer ce beau marbre, d'éveiller ses passions; à vous, de l'instruire dans l'art charmant de la volupté, à l'inonder des délices de l'amour. Je vous le cède, l'abandonne, et, prenant un parti décisif, bien persuadé que le meilleur moyen de réussir est de faire ses affaires soi-même. Dès ce jour, c'est moi qui se charge de recueillir les fruits charmans dont je lui avais généreusement fait l'abandon. Oui, à moi, Lucia et ses attraits; à moi sa figure jolie, ses beaux yeux, sa taille svelte et gracieuse, et ses charmes secrets, trésor inestimable ! Répondez, maintenant, est-ce agir en bon camarade ? et après ma soumission à vos désirs, exigerez-vous encore que je rende Lucia aux caresses d'un mari ?

— Franchement, ce serait le plus sûr moyen d'ôter à Morisson tout espoir sur elle; mais je ne veux point être trop exigeante, ni vous ravir tout le fruit de vos peines; faites en sorte de séparer Edouard de Lucia, et cela en vous emparant de cette dernière, en accomplissant vos projets, et je serai satisfaite.

— Fort bien! quelques jours encore, et vos vœux seront comblés.

— Quelques jours, reprend Lolotte avec surprise et mécontentement.

— Certainement; le temps de préparer

les ressorts de l'intrigue et de les faire manœuvrer.

— C'est juste! hâtez-vous surtout.

— Comptez sur mon zèle et mon activité, répond de Rinville, en quittant son siége.

— Vous me quittez déjà? dit la jeune femme.

— Quelques affaires m'appellent loin de vous; plus le désir de travailler de suite à ce que vous exigez de mon zèle.

— Quand vous reverrai-je, capitaine?

— Aussitôt qu'il me sera possible de vous apporter une bonne nouvelle.

— Hâtez-vous, je vous prie, car je suis d'une impatience! et si pleine de dépit pour cet Édouard, qui n'a point encore daigné répondre à mon invitation, me faire la moindre visite.

— C'est mal, très mal de sa part : car,

pour un galant homme, les désirs d'une jolie femme doivent être des ordres.

— Encore quelques jours, et s'il ne vient pas, c'est moi qui me rend près de lui pour lui reprocher son impolitesse, répond Lolotte avec impatience.

— D'accord, mais attendez au moins, avant d'accomplir cette démarche si flatteuse, que je l'aie débarrassé de votre rivale.

— Faites donc vite, de Rinville, et hâtez-vous de venir m'instruire.

Et le capitaine s'éloigne en souriant avec ironie, en murmurant ces mots :

— Pauvre dupe!

Une place de fiacres, et de Rinville de s'adresser à un cocher.

— Demain, à quatre heures du matin, trouve-toi à la porte de ma demeure, dont voici l'adresse. Tu me conduiras, ainsi qu'une autre personne au village d'Auteuil, où tu t'arrêteras à quelque distance de la maison que je t'indiquerai. De cette même maison, et après quelques instans d'attente, il sortira une jeune femme dont la vue excitera l'impatience de mon compagnon et son désir de la poursuivre; mais il ne faut pas qu'il l'atteigne, qu'il parle même à cette femme. Fais donc en sorte de nous enfermer dans ta voiture de manière à ce que nous ne puissions en sortir, et lorsque nous t'appellerons pour nous ouvrir, que tu sois absent, enfin fais en sorte de n'arriver que lorsque la dame en question aura eu le temps de s'éloigner. Vingt francs pour toi si tu satisfais adroitement la volonté que je t'exprime.

— Comptez sur mon adresse, not' bourgois.

— Fort bien! n'oublie pas, demain à quatre heures précises.

Cela dit, de Rinvillle continue son

chemin et rentre chez lui où il retrouve Charles assis à la même place, toujours en proie à une douleur profonde, et de plus agité par une fièvre ardente.

La journée s'achève, puis la nuit se passe, et la pendule fait entendre la quatrième heure de la matinée. Alors le capitaine, que le désir du mal tient éveillé depuis long-temps, saute en bas de son lit, et se rend dans la pièce voisine, où Charles a passé la nuit sans repos, où, en ce moment, couché sur un lit de douleur, il souffre et gémit encore.

— Hâtons-nous ; voici l'heure et la voiture qui nous attend, dit de Rinville, en s'approchant du lit.

— Le temps de me vêtir, capitaine, répond Charles, en se jetant hors de la couchette, et pouvant se soutenir à peine.

— Oh! oh! qu'avez-vous, mon cher?

—Un horrible frisson, un malaise mortel, répond Charles, immobile et appuyé sur le lit.

— Diable! voilà une indisposition qui va retarder nos projets : car je vous vois, mon cher, d'une faiblesse extrême.

— N'importe, dussé-je rester en chemin, partons, capitaine, partons ; j'ai hâte de revoir mon indigne épouse, de la surprendre, de la confondre, répond le jeune homme, en rassemblant ce qui lui reste de force encore pour s'habiller, ce à quoi il ne réussit qu'avec l'aide du capitaine.

La voiture les emporte, puis atteint Auteuil et la rue de Boileau. C'est à l'extrémité de cette rue, et dans le voisinage des champs, qu'est située la demeure d'Édouard, que de Rinville indique au cocher; où ce dernier arrête sa voiture à quelque distantance de la maison champêtre.

— Bientôt six heures. Attendons, car elle ne peut tarder, selon son habitude, de sortir par cette porte que vous voyez à vingt pas devant nous, dit de Rinville en remettant sa montre dans son gousset.

Et Charles porte et fixe un regard où se peignent la fureur et le désespoir sur le point qui vient de lui être indiqué. Une heure se passa dans une vaine attente, sans que la porte de la maison d'Édouard se soit ouverte; et de Rinville, craintif que sa ruse n'ait point le succès qu'il en attend, que madame Bernard n'exécute leurs conventions, contient à peine son impatient dépit. Enfin! elle s'ouvre, cette porte sur laquelle, depuis tant de temps tous deux n'ont cessé d'avoir les yeux fixés; elle s'ouvre, et une jeune femme en sort furtivement; elle se dirige d'un pas rapide vers la voiture. C'est Lucia:

de Rinville l'a reconnue, malgré le voile qui couvre son visage; il l'indique à Charles, qui, aussitôt, s'élance vers la portière. Lucia s'arrête près de la voiture; ses yeux semblent en chercher le cocher, se fixent sur l'intérieur. Au même moment:

— Lucia! infâme Lucia! s'écrie Charles avec fureur.

Alors, la jeune femme reconnaît son époux, dont les yeux flamboient, dont le corps est à moitié hors de la portière, dont les gestes menaçans se dirigent vers elle. Effrayée, elle hésite, recule, puis s'enfuit avec vitesse, et disparaît bientôt sans que Charles, retenu avec force par de Rinville, ait pu franchir la portière, afin de la poursuivre.

— Fou! est-ce là ce que vous m'aviez promis? Calmez ce transport furieux! s'écrie le capitaine, en comprimant les bras affaiblis de Charles, et le forçant à se replacer sur la banquette.

— Non, il faut, vous dis-je, que je l'atteigne, que je l'accable de tout mon mépris; laissez-moi, de Rinville, laissez-moi la poursuivre.

Cela disant, Charles furieux cherchait à se dégager des étreintes du capitaine; mais perdant toutes forces, il tombe bientôt sans mouvement, et plus pâle que la mort, dans le fond de la voiture.

— Cocher! à Paris, s'écrie alors de Rinville ; et les chevaux partent au galop.

Quelques heures après, Charles, étendu sur le lit où la douleur l'enchaînait, signait d'une main faible, et en présence d'un huissier amené à son chevet par de Rinville, sa demande en séparation de corps avec une épouse infidèle. Et cela fait, le capitaine quitta aussitôt le malade, pour courir à Auteuil, porter à madame Bernard cette heureuse nouvelle.

CHAPITRE III.

PAUVRE CHARLES.

Quinze jours après, la justice, dont les formalités, les lenteurs, avaient été stimulées à force d'or, la justice donc, prononçait la séparation qui, pour l'avenir, rendait Charles et Lucia étrangers l'un à l'autre.

Loi imparfaite, sœur bâtarde du divorce, œuvre consacrée au cagotisme, aux exigences de la prêtraille; loi mal comprise, immorale; source du concubinage, qui, à deux êtres malheureux, qu'une humeur incompatible contraint souvent à une séparation inévitable autant que nécessaire, impose la privation de nouvelles affections, d'un lien mieux assorti, enfin d'une nouvelle famille. Hommes d'État, députés, vous tous chargés de refaire et défaire les lois, d'améliorer les mœurs et la société, voulez-vous y travailler autrement que par vos vœux stériles? Eh bien! rétablissez le divorce; mais qu'il ne soit prononcé qu'après un sévère examen, afin que la cupidité et la luxure ne puissent s'en faire une arme facile, afin de trancher le lien qui s'opposerait à leurs caprices. Faites ainsi, et vous ne condamnerez plus des êtres jeunes encore à un éternel isolement, à l'impossible abnégation de tous sentimens d'amour et de paternité. Puis, rendant alors le concubinage inexcusable, impossible, vous donnerez un père à chaque enfant, plus encore, vous prouverez que vous avez été assez sages pour sentir que le bonheur de tous ne devait pas être sacrifié aux sots préjugés des prêtres, à leurs exigences aussi impitoyables que tyranniques. Mais revenons à notre sujet.

C'est à peine revenu d'une dangereuse et douloureuse maladie, et pouvant encore essayer quelques pas dans la chambre, que de Rinville, de retour du tribunal, où venait, dans la matinée, de se prononcer le jugement, apprit cette nouvelle à Charles, en lui remettent en main un portefeuille contenant dix mille francs en à-compte sur la somme dont la générosité de son épouse consentait à lui faire le don.

— Ainsi, vous êtes libre, mon cher, et débarrassé pour toujours d'une femme indigne de votre amour. Réjouissez-vous, car la vie va vous être douce et riante désormais. A vous l'indépendance, la folie et les amours !... Mais pourquoi rester ainsi froid et immobile ? pourquoi cet air triste et douloureux ? Ouvrez, ouvrez ce portefeuille ; car il contient, mon cher, le premier point de consolation, le germe d'une nouvelle fortune et de nouveaux plaisirs... fait entendre le capitaine en affectant une grande hilarité, tandis que Charles, anéanti, les larmes dans les yeux, fixe le parquet d'un regard morne et désespéré.

— Perdue! pour moi, et pour toujours! hélas! et j'ai pu y consentir! O mon Dieu! est-ce bien possible?

— Quoi! déjà des regrets; êtes-vous fou? reprend de Rinville, en riant d'un ton moqueur.

— Laissez-moi, laissez-moi, vous à qui je dois ma perte et tous mes malheurs; vous, le mauvais génie qui sans cesse s'attache à mes pas, fait entendre Charles d'une voix sourde.

— Eh! quoi, de la colère, des reproches! lorsque j'attends des remercimens pour vous avoir débarrassé d'une épouse qui s'est vouée de corps et d'ame à un autre? Peste! l'injustice est flagrante et a droit de me surprendre.

— Lucia! chère Lucia! c'est moi, c'est mon infâme conduite qui seule a causé ta faute. Tu m'aimais d'amour sincère et vif avant que mes désordres, mon abandon, ne lassassent ta patience! Oh! moi seul, oui, moi seul suis coupable, et t'ai forcée à la haine, au parjure!..... Lucia, toi jadis si douce, si indulgente pour ton époux, comment ses regrets, ses prières, n'ont-ils pu t'attendrir? comment son repentir n'a-t-il pu trouver grâce devant toi? s'écrie Charles avec amertume.

— Parce qu'une femme qui n'aime plus demeure implacable devant l'homme qui l'implore, parce qu'en pardonnant à son époux repentant, Lucia eût été contrainte de renoncer à ses nouvelles amours, et que ses nouvelles amours lui sont plus chères que son mari, répond de Rinville, en accompagnant ces mots d'un rire ironique.

— Barbare! pouvez-vous bien déchirer mon cœur par d'aussi cruelles paroles! ah! le sort a marqué mon front du sceau du malheur le jour où je m'attachais un ami aussi perfide que vous!

— Hein! de l'insulte; prenez garde de lasser ma patience, Charles, songez que je ne suis pas homme à me laisser outrager impunément et que vous vous adressez à la première lame de France... Si je n'avais pitié de votre faiblesse du moment!..... continue le capitaine d'un ton courroucé.

— De Rinville, attends, attends encore quelques jours, donne à la force le temps de remplacer cette faiblesse qui t'inspire tant de pitié, dis-tu, et alors, je te retracerai ton odieuse conduite, je te rappellerai les perfides conseils que ta bouche m'a dicté sans cesse, je te prouverai que tu m'as entraîné dans l'abîme où je suis, que toi seul en me perdant a perdu Lucia, que sans ta fatale amitié je serais en ce jour le plus heureux des époux, riche et considéré !...

— Oui, si les femmes et le jeu n'avaient pas rempli la tâche de te ruiner et de te déshonorer...

— De Rinville! s'écrie Charles avec fureur.

— Silence, enfant, ne t'emportes pas ainsi, imite-moi, donne à ton corps endolori le temps de se rétablir avant que nous réglions les comptes que nous avons à démêler ensemble; attends, te dis-je, et pour le moment cède en paix au sommeil qui semble appesantir la paupière.

A peine de Rinville avait-il achevé ces paroles, que Charles tombait sans connaissance sur son siége, non emporté par le sommeil comme le prétendait le capitaine, mais d'épuisement et de faiblesse.

— Pauvre dupe! fit alors le perfide ami en haussant les épaules.

Et cela dit, accompagné d'un regard de mépris, de Rinville s'éloigna laissant sa victime seule et sans nul secours.

Deux heures se sont passées et Charles, revenu à la vie, rappelle ses souvenirs, et recueille ses forces.

— Non, je ne puis demeurer plus longtemps sous le toit de cet homme, je dois m'en éloigner, me traîner ailleurs et implorer aide et secours contre ma faiblesse... Oh! mort, hâte-toi de me saisir, de trancher une existence qui m'est odieuse, puisqu'en ce monde je n'ai plus ni épouse, ni amis sincères pour m'aimer et me consoler...

Ainsi murmurait l'infortuné, qui après avoir tourné ses regards autour de la chambre et s'y voyant seul, essaie de se soulever du siége où il est assis, puis debout, fait quelques pas qu'il dirige vers la fenêtre.

— Une voiture, une voiture pour moi, crie-t-il d'une voix faible au concierge qu'il aperçoit dans la cour.

Et sa demande satisfaite, Charles, appuyé sur le bras du cocher, monte dans le fiacre.

— Où faut-il vous conduire, not' bourgeois ?

— A l'hôpital, répond Charles.

Et la voiture de rouler. . . . .

Cinq semaines plus tard l'infortuné, à

peu près guéri de ses maux physiques, quoique bien faible encore, recevait son billet de sortie; et, forcé de céder à un autre malheureux, le lit qu'il avait occupé tout ce temps à l'hospice de la Charité, Charles descendait tristement la rue des Saints-Pères, et cela, dénué d'argent, sans savoir où porter ses pas, où poser sa tête durant la nuit qui s'approchait.

Charles avait dédaigné le don des dix mille francs et laissé le portefeuille chez de Rinville. Pâle, amaigri, presque méconnaissable, il se traîne péniblement, profitant du secours que lui offre chaque borne où il se repose et reprend courage. Il atteint le quai, et là, appuyé sur le parapet du fleuve, couvert par les ombres de la nuit qui depuis une heure règne sur la ville, Charles considère, dans un recueillement sinistre, cette onde qui passe et murmure sous ses yeux; dans cette onde est la fin de ses maux.

Ah ! s'il osait, il n'y aurait plus pour lui qu'un moment de souffrance.

Et cela pensant, l'œil du malheureux était fixe, ses lèvres desséchées par une soif ardente.

— Hélas ! mourir sans l'avoir revu oh ! non, car ce serait mourir deux fois.

Et le regard de Charles se lève vers le ciel comme pour l'implorer et lui demander la force de résister au suicide dont l'idée le poursuit; puis ses yeux, en suivant le nuage qui descend avec la Seine, d'entrevoir au loin le coteau de Passy, de Passy, demeure de Lucia, où il lui serait peut-être possible de l'entrevoir et de puiser dans ses regards la force de mourir de regret et de douleur.

Alors, un soupir d'espoir s'exhale du sein de l'infortuné, et ses pas suivent le cours de la Seine, se dirigent comme elle vers le village de Passy.

— Est-ce possible ! Charles, serait-ce vous ? s'écrie une jeune femme en saisissant l'époux de Lucia par le bras, au moment où il atteignait le pont Royal. Et Charles reste saisi de surprise et de honte en reconnaissant Lolotte.

— Oui, c'est vous ! oh ! que vous êtes changé, mon cher, d'où venez-vous, depuis le temps que je vous fais chercher; de l'autre monde, sans doute, car ainsi me l'annonce votre mine de déterré ?

— Laissez-moi, dit Charles, en essayant à se défaire de la main qui lui tient le bras.

— Du tout, nous avons trop à causer ensemble, mon cher, pour que je laisse échapper l'occasion qui nous réunit en ce moment.

— Causer avec vous, eh! qu'avez vous à me dire? quoi, désormais de commun entre nous? Laissez-moi, vous dis-je, et si la curiosité vous inquiète seule sur mon compte! eh bien, sachez en deux mots, que l'hôpital vient de me chasser de son lit, que sans asyle, sans force et dénué de tout, j'erre au hazard dans cette ville, en attendant une mort prochaine! tel est votre ouvrage, Lolotte, telles sont les suites des conseils de l'indigne de Rinville.

— De Rinville, oh! l'infâme, s'écrie la jeune fille, avec l'accent de la fureur.

— Adieu donc! car d'après les aveux humiliants qu'il vient de vous faire, vous devez voir que Charles le vagabond, n'a plus rien à démêler avec vous.

Et cela dit, le jeune homme fait quelques pas pour s'éloigner.

— Charles, ne me fuyez pas, et consentez à m'entendre, songez que celle que vous accusez d'être un des moteurs de vos chagrins, est peut-être à même de vous rendre deux choses que vous regrettez amèrement, votre épouse et la fortune, dit Lolotte avec feu en arrêtant Charles de nouveau.

— L'une et l'autre m'ont trahis, je n'en veux plus, répond le jeune homme brusquement.

— Lucia n'a pas cessé d'être sage, il n'appartenait qu'à un de Rinville de l'accuser d'adultère.

— Vaine justification, mes yeux l'ont vu s'échapper à l'aube du jour de la demeure de son amant.

— Infâme machination, apparences trompeuses inventées par l'esprit infernal de de Rinville, afin d'arracher votre consentement à une séparation de corps.

— O ! ciel, dois-je vous croire !

— Venez, venez, vous dis-je, chez moi, je vous instruirai davantage.

Charles hésite un instant à se rendre à cette invitation ; puis, emporté par le désir de savoir, il cède, et prenant place au côté de Lolotte dans la voiture qu'elle a fait avancer, se laisse conduire chez elle.

— ..... Oui, c'est en vous communiquant la funeste passion du jeu, en fatiguant votre épouse par vos absences, vos désordres et vos infidélités, c'est en vous trahissant près d'elle, et voulant en faire la maîtresse d'Edouard, puis ensuite la sienne, que de Rinville a prétendu se venger de l'affront que jadis vous lui fîtes en séduisant sa propre femme, faute que vous commîtes jadis, qu'il apprit et qu'il a juré de punir et laver dans votre honte et votre sang ! terminait Lolotte après un long récit écouté par Charles avec un frémissement de fureur.

— Quoi ! Lucia est innocente du crime d'adultère, et j'ai pu consentir à me séparer d'elle ! s'écrie le jeune homme avec rage et désespoir.

— Oui, innocente, vous dis-je, car la nuit qui précéda la matinée où vous la vîtes s'échapper de la demeure d'Edouard, Lucia avait partagé la chambre et le lit de sa mère.

— Mais, au nom du ciel ! pourquoi cette nuit passée hors de leur propre demeure et chez Morisson ? s'informe Charles.

— Effrayées de la visite et par une prétendue violence, que, selon le dire du capitaine, vous deviez exécuter chez elle, la mère et la fille, afin d'éviter votre présence, s'étaient réfugiées chez Morisson. Enfin, continue Lolotte, je vous ai tout dit, grâce à

Briolet, de qui je tiens les détails de toutes ces perfidies; à vous, maintenant, à se venger du perfide qui nous trompa tous deux, du traître, qui, lorsque je lui conseillais de vous rendre votre femme, de la ravir à l'amour qu'Edouard ressent pour elle, se hâta en silence de rompre vos liens et de la jeter libre de vos droits, dans les bras d'un amant!

— Oui, ma haine, ma vengeance à tous deux, périssent sous mes coups Edouard et de Rinville, infâmes serpens, amis perfides! s'écrie Charles exaspéré par la fureur.

— Calmez ce transport, et écoutez-moi, Charles, car si j'eus jadis des torts graves envers vous, je veux les réparer; écoutez, vous dis-je, écoutez? Le cœur rempli d'un amour noble et violent, je désire, afin me rendre digne, que l'homme qui me l'a inspiré, le partage, je veux m'efforcer à réparer par une sage conduite mes erreurs passées, et pour commencer ma conversion, dès ce jour, afin de vous rendre une liberté sans cesse menacée par vos créanciers, payer vos dettes du sacrifice des dons que j'arrachais à votre faiblesse ainsi qu'à votre amour ; plus, je prétends, dès demain, tout employer afin de vous procurer un entretien avec votre femme, qui, désabusée des torts graves, dont près d'elle vous a chargé de Rinville, rougira peut-être de son amour pour votre rival et vous rendra son estime...

—Hélas ! je n'ose l'espérer ; Lucia me sachant infidèle a cessé de m'aimer, soupire Charles.

—Son cœur ne l'est-il pas envers vous ? pourquoi, coupable aussi, ne pardonnerait-elle une faute qu'elle-même a commise ?

—Eh ! ne savez-vous pas, Lolotte, qu'une femme est implacable, lorsqu'elle n'aime plus.

—J'en conviens ; mais Lucia, si jeune, si timide, entraînée par vos prières, son devoir d'épouse, faisant taire chez elle un amour de fraîche date, ne pourra repousser les supplications, résister aux larmes de son mari, de l'homme qui posséda ses plus chères affections. Or donc ! plus d'observation, dès demain, puisque la liberté vous est acquise, dès demain, il faut essayer de reconquérir votre femme.

—Oui, je dois tenter ce moyen, revoir Lucia et mourir à ses pieds, si elle ne consent à m'entendre, répond Charles de l'accent de la douleur.

—Je pense que l'ennemi le plus dangereux que vous ayez à combattre en cette affaire, n'est autre que votre belle-mère, madame Bernard, dont il vous faut éviter la présence, et à cet effet, il sera bon je crois, d'employer la ruse, pour vous procurer un entretien secret avec Lucia ; par exemple, de vous servir du même expédient dont vous usâtes jadis n'étant que son amant, pour vous introduire certaine nuit dans sa chambre et cela en grimpant au treillage, qui du jardin s'élève à sa fenêtre.

—Impossible de pénétrer par cette issue qui la nuit, en cette froide saison, doit être fermée, observe Charles.

—Vous briserez une vitre et vous vous tiendrez caché dans la chambre jusqu'à ce que votre femme vienne pour s'y coucher. Tenez, prenez ce diamant, ajoute Lolotte en ôtant une bague de son doigt et la présentant au jeune homme, il vous servira à faire sans bruit l'ouverture nécessaire pour passer votre main et lever l'espagnolette.

—Merci! merci cent fois de vos conseils et de votre bon secours. Ah! que n'ai-je, ce soir, la force d'exécuter ce projet!

— Ce soir, non il faut vous reposer; mais

demain, demain sans faute. Cette nuit, vous coucherez ici où je mets une chambre à votre disposition ; demandez-donc à ma domestique ce qui peut vous être nécessaire, puis, allez vous reposer doucement.

CHAPITRE VI.

D'AUTEUIL A MARSEILLE.

L'horloge tintait la neuvième heure du soir, lorsqu'une voiture vint s'arrêter dans la plaine de Passy à quelque distance de la petite porte du jardin de madame Bernard. La nuit était sombre, un vent froid soufflait avec violence.

—Oui, c'est ici, voilà le mur du jardin.

—Tenez, Charles, prenez cette bourse, ce qu'elle contient peut vous devenir nécessaire, vous servir à acheter le silence des valets qui pourraient vous surprendre dans cette maison. Allez, soyez éloquent, pressez, suppliez, et le plus heureux succès couronnera sans doute vos efforts, faisait entendre Lolotte à Charles. Et le jeune homme avant de s'éloigner, de promettre à la jeune fille d'aller lui faire part, le plus tôt possible, des résultats de sa démarche; cela dit, la voiture part et Charles se dirige vers le mur du jardin qu'il escalade sans peine. Il s'avance en silence vers la maison; mais, quel effet incompréhensible! à l'aspect de la demeure de celle dont il désirait ardemment la présence, sa résolution s'évanouit; ses forces, son courage l'abandonnent; collé contre une charmille, tremblant, étourdi, effrayé de son audace, il reste une heure immobile, à la même place, puis, s'arrachant enfin à cet état d'insensibilité :

— La voir, la voir seulement et mourir après! s'écrie-t-il ; puis, il se traîne sous la croisée, saisit le treillage d'une main faible, essaie à se soulever ; mais privé de force, il retombe lourdement sur la terre. C'est en vain que l'infortuné tente de nouveaux efforts, qu'il déchire ses mains, ses genoux, rien! Une sueur froide couvre son corps ; son cœur bat avec violence, ses jambes tremblantes et flexibles le soutiennent à peine et le contraignent à aller s'asseoir sur un banc voisin. Là les yeux mouillés de larmes brûlantes, en proie à une profonde douleur, aux idées les plus sombres, le regard fixé sur cette fenêtre qu'il désire et ne peut atteindre, Charles se désespère et se meurtrit le sein. Bientôt minuit et nulle lumière n'a encore paru chez Lucia.

— Essayons encore, soupire le jeune homme en quittant le banc et se traînant sous la croisée.

— Impossible! impossible! s'écrie-t-il avec fureur, en retombant de nouveau. Quelques minutes, puis découragé, Charles s'appuyant sur la muraille, essaie de faire le tour de la maison, atteint une porte, celle du petit escalier dérobé, conduisant aux appartemens du premier étage, et le jeune homme, pousse un soupir d'espoir en se rappelant que par ce passage souvent il s'introduisit dans la chambre de Lucia. Charles connait les êtres, il se glisse en silence; puis atteint la porte de son épouse, elle est fermée; mais, oh bonheur! la clé est sur la serrure, il ouvre, pénètre et entendant un bruit dans le couloir, apercevant une lumière briller au loin, il se hâte aussitôt de se glisser dans un petit cabinet situé au pied du lit, où il se cache derrière un meuble. Il était temps, ma foi! car ce bruit n'était autre que celui causé par Lucia, Lucia qui venait se livrer au sommeil, et suivie de sa femme de chambre.

— Préparez ce qui m'est nécessaire, Louise, et laissez-moi, fait entendre la jeune femme.

Et Charles, qui entend la chambrière entrer dans le cabinet, frissonne en la voyant s'approcher du meuble qui le cache, et sa robe lui frôler le visage. Louise détache des porte-manteaux, les effets de nuit, puis s'éloigne, au grand soulagement du jeune homme, sans l'avoir aperçu.

— Bonne nuit, madame.

— Bonsoir, Louise.

Et Lucia restée seule, se dirige vers un secrétaire, s'y place et se met à écrire.

Une demi-heure se passe, durant laquelle

Charles, en proie à la crainte, à l'hésitation et souffrant des tourmens affreux, n'ose se montrer, tant il redoute le cri d'effroi que sa présence inattendue doit arracher à son épouse; enfin, enfin, surmontant toute crainte :

— Au nom du ciel ! ne vous effrayez pas, ayez pitié de moi ! s'écrie-t-il, en venant tomber aux genoux de Lucia, qui se relève épouvantée et cherche à fuir.

— Ah ! ne redoutez pas ma présence, Lucia, et daignez m'entendre; voyez, je suis à vos pieds, aussi tremblant que vous; par grâce, un mot, un mot, si vous ne préférez me voir expirer à vos yeux.

La jeune femme, dans un saisissement immobile, debout au milieu de la pièce, ne répond que par deux ruisseaux de larmes qui s'échappent de sa paupière.

— Lucia, vois en moi un malheureux,

victime de la plus affreuse calomnie, vois en moi la victime de l'infâme de Rinville et un époux inconsolable de ta perte... dit Charles en courbant le front et poussant de pénibles sanglots.

— Charles! vous, ici! vous, victime de la calomnie!... murmure enfin d'une voix émue, Lucia revenue de sa stupeur et jetant sur son mari un regard de pitié ; Charles, tout est rompu entre nous, que me voulez-vous maintenant ? reprend-elle.

— Ton pardon!

— Mon pardon! cela ne se peut plus, Charles, vous l'avez trop long-temps dédaigné; mais relevez vous, de grâce, tant d'humiliation ne convient point à un homme, devant la femme qui fut la sienne.

Et cela disant, elle lui tendait la main.

— Oh! Lucia, daigne m'entendre, car je ne fus point aussi coupable qu'on m'a fait à tes yeux, répond Charles en conservant sa posture.

— Je n'ai plus le droit d'entendre vos plaintes, monsieur; n'essayez donc point à vous justifier près de moi.

— Si, si! tu m'entendras, Lucia; car je ne puis vivre chargé de ta haine et de ton mépris.

— Charles, un mot, un seul; étant mon époux et vivant près de moi, Lolotte fut-elle votre maîtresse? demande Lucia avec sévérité.

— Hélas! j'osai un instant délaisser pour elle la plus douce comme la plus belle des femmes; un monstre, un de Rinville, jaloux de mon bonheur, avait juré ma perte, celle de ma Lucia; cet homme s'appliquait à me démoraliser, à faire de moi un être infâme, un joueur, un adultère, un banqueroutier! et le traître n'a que trop réussi à m'entraîner dans le gouffre qu'il creusait sous mes pas ; car, grâce à ses odieux conseils, j'ai tout perdu, une femme que j'adorais, mon honneur, ma fortune ; grâce à lui, me voilà seul dans l'univers, souffrant, sans amis, sans ressource, sans asile, dévoré de chagrin et de honte !... Ah ! Lucia, Lucia, ne prendras-tu pitié de tant d'infortunes ?...

— Ah ! Charles, Charles ! pourquoi avez-vous suivi les conseils de cet homme ? pourquoi avoir délaissé votre unique amie, votre femme enfin ! pourquoi votre long et obstiné silence envers moi, lorsque vous quittâtes la France pour échapper à vos créanciers ? Peut-être alors, que sans cette marque d'indifférence et d'ingratitude, la colère de Lucia eut fléchi devant votre repentir ! fait entendre la jeune femme avec émotion.

— Mon silence, dis-tu, Lucia, lorsque

7

chaque jour je t'adressais, dans une lettre nouvelle, l'exposé des souffrances que j'endurais loin de toi, mon regret de t'avoir offensé et mes sermens de ne vivre plus que pour t'adorer et t'obéir...

— O ciel! vous m'écrivîtes, Charles, et je ne reçus jamais vos lettres...

— Oh! de Rinville, à ce trait je te reconnais, misérable!! s'écrie Charles avec fureur.

— De grâce! monsieur, cessons cet entretien qui m'effraie et m'afflige, dit Lucia en joignant des mains suppliantes; oui, éloignez-vous, ajoute-t-elle, de celle dont le premier vous exigeâtes votre séparation, et qui en ce moment ne peut comprendre le caprice qui vous ramène à elle.

— M'éloigner, ah! pas encore, Lucia, il faut que tu m'entendes. Ignores-tu donc, que lorsque, dans un délire jaloux, une fièvre ardente, j'osai vouloir briser nos nœuds, qu'on t'avait fait parjure, adultère à mes yeux ?

— Quelle horreur ! fait Lucia en reculant de surprise.

Alors Charles de dévoiler à la jeune femme l'odieux stratagème dont de Rinville s'est servi pour l'indisposer contre elle et lui faire croire à sa culpabilité, et Lucia, hors d'elle, indignée de tant de perfidie, s'informe à Charles d'où peut provenir, de la part de de Rinville, un tel excès de haine, et l'époux tremblant d'en faire le pénible aveu.

— Hélas ! que de maux cet homme nous a fait endurer, à combien de regrets ne nous a-t-il pas condamnés ! soupire la jeune femme.

—Chère Lucia ! que le pardon s'échappe de tes lèvres, que le voile de l'oubli s'étende sur un funeste passé ; et pour tous deux il existera encore une longue suite de jours heureux, dit Charles essayant de s'emparer de la main de Lucia, que cette dernière retire avec effroi.

— Non, ne l'espérez pas, monsieur, désormais, plus d'union entre nous, car votre parjure a brisé mon cœur à jamais.

— Cruelle ! hélas ! serait-il donc vrai que ce cœur, qui devant ma douleur et mon repentir, se ferme au pardon comme à la clémence, renferme d'autres amours. Oh ! oui, car sans cela tu ne resterais point inexorable ! Lucia, je t'en conjure, chasse cette horrible pensée de ma tête, dis-moi que ce cœur ne s'est point donné à Morisson, qu'il est libre encore ! Parle ! oh ! parle, je t'en supplie !

Lucia, embarrassée, pâle et tremblante,

n'ose répondre à cette demande ; alors Charles court au secrétaire, s'empare du papier sur lequel Lucia, quelques instans avant, a tracé le commencement d'une lettre et y lit ces mots :

« Oh ! mon Edouard, qu'exiges-tu ? n'est-
» ce pas assez de tout mon amour pour
» payer le tien... »

— Malédiction ! s'écrie Charles en cessant de lire et froissant la lettre avec fureur.

— Monsieur !! exclame Lucia effrayée au-delà de tout et se soutenant à peine.

Et Charles lance sur elle un regard menaçant.

— Déjà de Rinville, afin de mieux me torturer le cœur, m'avait fourni les preuves de l'amour que cet Edouard ressentait pour toi, et jusqu'alors j'avais douté de leur véracité ! mais plus de doute maintenant, car plus perfide que moi, qui, dans un moment d'erreur te trompa sans t'ôter mon amour; tu ne m'as retiré ton cœur, infâme! que pour le donner à un autre.

— Monsieur! quelle horrible accusation!... fait Lucia en tombant presque mourante sur un siége.

— Lucia! Lucia! plus rien de toi, puisqu'avec ta personne tu ne pourrais me rendre ce que j'ambitionne le plus! Adieu! plus d'épouse pour Charles; garde ton or, ton pardon, je repousse tout, tout ce qui vient d'une infidèle; adieu, Lucia, adieu pour toujours!

Et cela dit, Charles, la tête perdue, s'éloigne sans plus attendre, gagne le jardin, en franchit le mur, et poursuivi par mille projets insensés, mille idées désastreuses, la tête brûlée par de sombres vapeurs, il erre dans les champs le reste

de la nuit, et va tomber au point du jour
d'épuisement et de fatigue sur le bord d'un
fossé où, se livrant tout entier à l'affreux
délire qui embrâsait son esprit, Charles, de
la main, cherche inutilement à écarter
une boule de feu qui pèse sur son front
brûlant, à se dégager du cercle de fer qui
le comprime et brise ses flancs. Une
longue souffrance, puis enfin la faiblesse
vient fermer ses paupières en feu.

Deux heures d'un sommeil de plomb, puis
réveillé par l'extrême fraîcheur de la matinée, Charles, en ouvrant la paupière, se
voit seul sur une petite route de traverse,
transi de froid et couvert d'une abondante
rosée. N'importe! dédaignant le malaise
que ressentent ses membres glacés, le
jeune homme à qui ses tristes souvenirs
sont revenus en foule, demeure assis sur le
bord du fossé, et le front appuyé sur ses
deux mains, il se livre pour quelques in-

stans à ses sombres pensées. C'est alors que le génie du bien et du mal viennent se placer chacun à ses côtés et attiser en lui un combat entre les bons et mauvais sentimens.

— Que faire, que devenir ? dois-je rester sur cette terre ou chercher dans une mort prompte la fin de mes chagrins, s'écrier Charles avec l'accent de la douleur.

— Garde-toi de céder aux sinistres conseils du désespoir, fait entendre le bon génie, car quelque sombre que puisse l'avenir se dévoiler à tes yeux, le sort ne peut-il l'éclaircir un jour. Toi, homicide ! malheureux, fuis cette épouvantable pensée !

— Mais alors ! que faire d'une existence qui m'est à charge; comment la soutenir, sans le secours d'aucun être, sans ressource et le cœur dévoré de douleur, de jalousie? s'écrie Charles.

— Tu ignores ce que te réserve un muet avenir; mais, franchement, le présent est pour toi d'un sinistre présage. Crois-moi, ferme l'oreille aux discours d'une froide raison, et si, au fond du cœur, la force te manque pour en finir avec ce monde, chasse au plus vite les chagrins et hâte-toi d'adopter une nouvelle vie toute de jouissances et de luxe. Réfléchis qu'un mauvais destin ne s'attache pas sans cesse après un homme; que son bras se fatigue à le tourmenter, et que lâchant prise il cède enfin sa place à un sort meilleur. Pourquoi donc, maintenant, que le malheur a épuisé sur toi tous ses coups, le destin ne te serait-il point favorable? Crois-moi, c'est en traçant une route à la fortune qu'elle vient nous trouver, et le jeu est la plus courte qu'on puisse lui ouvrir...

Ainsi conseillait le mauvais génie.

— Charles, ferme ton cœur à de semblables conseils, abjure une funeste passion qui sans cesse flétrirait ta destinée. Insensé! jette un regard sur le passé et n'accuse que la cupidité et la luxure de tous tes maux. Repens-toi, et, chassant de ton âme ces hideuses passions, sois à l'avenir laborieux, prudent, et le bonheur deviendra ton partage. Songe que la fortune n'accorde que lentement ses faveurs, vouloir les mériter toutes en un instant est folie, imprudence! car elle s'effraye alors et s'éloigne pour toujours. Crois-moi, fuis le jeu et son funeste attrait; il fut déjà le moteur de ta ruine, de ton déshonneur; tu lui es redevable de la perte d'une épouse qui t'aimait, qui du don de sa main avait daigné enrichir ton destin. Charles, repens-toi, évite de t'engager dans de nouveaux écueils, deviens honnête homme, par l'emploi de tes talens, le salaire de ton travail, soutiens ton existence, et crée-toi un avenir fortuné ; contrains les hommes à oublier ton passé, à rendre justice à ton mérite.

— Oui, oui, c'est le seul moyen de réparer mes torts, de reconquérir l'estime publique, de forcer Lucia au regret de ma perte ! murmure tout bas Charles.

— Bah ! faux raisonnement ; car, entre nous, que gagne-t-on à être homme de bien ? l'indigence et l'obscurité. Suis les sages principes que vient de te dicter la sagesse, et dis-moi alors comment tu te retireras de la misérable condition où tu te trouves en ce moment. Va de ce pas courir par la ville, implore la pitié du passant, afin que son aumône soulage la faim qui te dévore ? Vainement, en gémissant, tu demanderas secours : rebuté, chassé de toutes parts, on rira de ta misère; ou bien, te fiant sur tes talens, iras-tu les offrir en échange d'un salaire que, profitant de ta triste position, un maître cupide taxera à un taux insuffisant? Folie! surtout lorsqu'avec une volonté ferme tu peux échapper à la misère et t'affranchir de sa domination, lorsque devant toi se présente une longue suite de jouissances et de voluptés, lorsque muni de l'or que t'offrit ton épouse, par les mains de de Rinville, tu peux de nouveau tenter la fortune, la fixer près de toi, t'entourer de ses dons brillans, et heurter bientôt des roues de ton char élégant les infâmes qui trahirent ta confiance et ton amitié. N'hésite donc plus, et n'écoutant que la voix des plaisirs, le charme d'une riche indépendance, fais taire la raison, chasse d'inutiles et importuns chagrins, et jouis sans regret des faveurs de l'opulence et des charmes d'une heureuse et nouvelle vie.

En cet instant un sourire de satisfaction et d'espérance vint agiter les lèvres de Charles, puis son bon génie de lui murmurer ces mots :

— Insensé! prends garde, en courant trop vite après la fortune, de heurter en chemin l'échafaud. Puis le mauvais, afin d'effacer dans l'ame du jeune homme le trouble que viennent d'y jeter ces terribles paroles, de reprendre ainsi :

— Allons, Charles, c'est jouir deux fois que de jouir promptement; hâte-toi, te dis-je, et n'attends pas dans une sotte indécision que le froid qui glace ton corps n'éteigne la vie en ton sein. Pars, et n'oublie pas que chez de Rinville est le portefeuille qui renferme le premier échelon de ta fortune.

Alors Charles, vaincu, s'arrache à

l'engourdissement où venaient de le plonger ses diverses pensées, il quitte le bord du fossé, agite ses membres, afin d'y rappeler la chaleur, et dirige ensuite ses pas vers Paris.

— Oui, plus d'indécision ; à moi la fortune ! Loin de mon souvenir celui d'une femme infidèle, d'une ame sans oubli ni pardon ! A moi le monde, son or, ses plaisirs, ses femmes belles et voluptueuses !

Ainsi pensait le jeune homme en entrant dans la ville, après une marche rapide, qui venait de ramener l'activité et le bienêtre dans tout son corps. C'est vers la demeure de de Rinville qu'il dirige ses pas, chez de Rinville où il arrive, dont il franchit l'escalier, et à la porte de qui il frappe à grand bruit. C'est le capitaine qui ouvre, à peine vêtu, car Charles vient de l'arracher au sommeil.

De Rinville, à la vue du jeune homme,

ne peut déguiser sa surprise, et involontairement recule de quelques pas; mais, reprenant aussitôt son aplomb.

— C'est vous, mon jeune ami? fait-il entendre en avançant une main traîtresse, que Charles repousse avec mépris.

— A nous deux, homme sans foi! infâme calomniateur !

— Ces paroles s'adressent-elles à moi, parlez-vous sérieusement, ou ne dois-je voir dans ces insultes que l'effet de la folie dont on vous dit atteint? demande le capitaine en fronçant le sourcil.

— Quelle meilleure preuve, infâme! puis-je mieux te donner de ma raison, que de reconnaître en toi le plus vil comme le plus abominable des hommes.

— Charles !! s'écrie de Rinville d'une

voix de tonnerre et lançant un regard furieux.

— A moi ta vie ou à toi la mienne, capitaine ; mais avant, remets tout de suite entre mes mains le portefeuille que j'oubliais en fuyant ton toit inhospitalier, répond Charles en s'avançant fièrement dans l'appartement, après en avoir fermé avec violence la porte d'entrée.

— Tiens! voilà le prix de ta docilité, glorifie-toi, époux de Lucia, répond de Rinville avec un rire ironique, en jetant aux pieds de Charles le portefeuille qu'il vient d'atteindre dans un secrétaire.

— Réglons tous nos comptes, capitaine de Rinville! réponds, que te dois-je pour les services que tu n'as cessé de me rendre?

— Avant de m'en offrir la récompense, sois donc, jeune fou, assez patient pour en entendre le récit.

— Je le connais, mais n'importe, parle,

je t'écoute, j'ai besoin de retremper encore plus la haine que tu m'inspires, dans le fiel de tes infâmes paroles!

— Écoute-donc, puis après donne-moi tout ton sang pour salaire, car il en faut jusqu'à la dernière goutte, afin de satisfaire mon ambition. Écoute, te dis-je. En te prononçant le nom de Julia, mon épouse, c'est te faire connaître aussitôt d'où vient la haine que je t'ai juré depuis long-temps, sache donc que pour mieux l'assouvir, j'ai voulu te blesser dans tes affections les plus chères, comme tu m'avais blessé dans les miennes; j'ai désiré que tu goûtas un instant de cette félicité que l'on savoure dans les bras, les caresses d'une femme qu'on aime et je t'ai fait l'époux de Lucia. Uni à elle, heureux près d'elle, j'ai voulu t'arracher tout de suite à un bonheur dont je ne t'avais fait ressentir tous les charmes, qu'afin que la privation t'en parut plus affreuse. Alors, je me suis emparé de ton faible esprit, et tandis que je te lançais dans la perdition, que je ruinais ta fortune et ton avenir, je rêvais la séduction de ton épouse, je la fatiguais de tes absences et j'introduisais un amant auprès d'elle......

— Continues donc, de Rinville, fait Charles, pâle et frémissant de colère, en voyant son ennemi étouffé par la haine, s'arrêter pour reprendre la respiration.

— La vertu opiniâtre de ta femme trompait mes espérances, et comme vingt fois en ma présence, sa bouche avait maudit l'inconstance, et fait entendre que son cœur ne pardonnerait jamais à l'époux infidèle, alors je vis la partie gagnée, et dans Lolotte, je te donnais une maîtresse aussi perfide que dangereuse pour ta naissante fortune; puis devenu adultère ainsi que je te voulais, je fus en instruire ta femme, aggraver tes fautes à ses yeux, transformer tes remords en une insouciante joie, et je parvins enfin à t'arracher entièrement de son cœur...... Fort bien ! mais comme époux, tu avais encore sur elle des droits redoutables, qui un jour pouvaient ramener entre elle et toi, une réconciliation, des explications dangereuses à la réussite complète de mes projets de vengeance. Or donc, je te fis croire à son parjure, tu la crus coupable, et pressé par mes sollicitations, animé par le dépit qu'en toi j'avais excité pour elle, tu signas une demande en séparation, que Lucia, retenue par les préjugés, par un reste de considération, n'osait et n'eût osé jamais demander elle-même. Ainsi donc, récapitule, j'ai fait de toi un joueur, un libertin; je t'ai ruiné, mes conseils t'ont conduit à la banqueroute; je t'ai arraché la possession, l'amour d'une femme jeune, belle et riche, et l'ai mise dans la toute possibilité de répondre à l'amour du galant homme, qui déjà a trouvé le chemin de son cœur. Maintenant, que tu ne possèdes plus rien, pas même l'honneur, en échange de celui que tu m'as ravi, en échange de l'épouse que j'adorais et dont tu m'as privé, je ne demande plus que ta vie, et je l'exige aujourd'hui même. Suis-moi donc! termine de Rinville en sautant sur une paire de pistolets accrochés à la tête du lit.

— Viens! viens! me disputer aussi la tienne, prononce Charles, hors de lui, et d'un mouvement convulsif, saisissant avec force le poignet de de Rinville.

— A l'instant même au bois de Vincennes, ou autres, choisis, répond le capitaine en cherchant à se dégager de l'étreinte qui lui meurtrit le bras.

— Aurais-je la patience de te suivre jusque-là? Dois-je résister au désir de te briser à l'instant sous mes pieds? infâme! rugit Charles, l'écume sur les lèvres, le regard en feu, et saisissant de son autre main de Rinville à la gorge. Alors, ce dernier voulant user d'une légitime défense, lève le bras qui lui reste libre, et dirige le canon du pistolet dont il est armé sur la poitrine de son adversaire; mais Charles, s'étant aperçu du mouvement, de rabattre, par un brusque mouvement, l'arme qui le menaçait, lequel venant à faire feu, étend sur le parquet, le capitaine baigné dans son sang.

— Mort! s'écrie Charles rempli de terreur, après avoir contemplé un instant ce cadavre sans mouvement.

Et saisi d'un juste effroi, le jeune homme s'empare du portefeuille et s'éloigne à à grands pas par un petit escalier dérobé, tandis qu'à la porte principale de l'appartement, les voisins attirés par la détonation, s'efforcent d'enfoncer la porte.

Charles a gagné la rue et fuit à toutes jambes, poursuivi par la terreur et la crainte d'une accusation d'assassinat.

Le soir, il erre encore dans les rues, où sans but ni désir se trouvant rue Montmartre, il se jette brusquement dans la cour des Messageries.

— Pour quel pays, not' bourgeois? fait entendre un commissionnaire à son oreille.

— Je l'ignore, répond Charles encore étourdi.

— Lyon, Marseille?...

— Oui, Marseille.

— Par ici, alors.

Et introduit dans le bureau, Charles

atteint dans la bourse que lui donna Lolotte, le prix de sa place, et un quart-d'heure après, roule sur la route qui conduit à Marseille.

CHAPITRE V.

COMME SE VENGENT LES AMANS.

Deux mois après ces derniers événemens, et l'hiver déployant toutes ses rigueurs, une jeune femme, vers la dixième heure d'une nuit noire et neigeuse, était appuyée sur le balcon d'une des fenêtres d'une petite maison sise au village d'Auteuil, même rue et non loin que celle habitée par monsieur Édouard Morisson.

— Hélas! je n'entends rien encore, ne rentrera-t-il pas cette nuit? murmurait à voix basse, notre jeune inconnue, en prêtant une oreille attentive au moindre bruit, et sans détacher son regard d'une petite porte de jardin, sise dans la rue à quelque distance, laquelle l'obscurité lui permettait à peine d'entrevoir. Encore un quart-d'heure d'attente dans la même position, malgré la neige qui tombe à gros flocons; et la jeune femme entendant un bruit de pas lointains, s'écrie:

— C'est lui! puis elle quitte la croisée, et gagnant la rue, court se placer non loin de la petite porte.

C'était Édouard, qui revenant de Paris, rentrait chez lui, et se disposait à mettre la clé dans la serrure de la porte de son jardin, lorsqu'une petite main, celle de l'inconnue, vint se placer sur la sienne.

— Par grâce! un mot encore! daignez l'entendre et ne point repousser de nouveau mes prières, fait une voix suppliante.

— Toujours vous, Lolotte, y pensez-vous, pourquoi tant d'obstination? répond le jeune homme, qui a reconnu la jeune fille.

— Ah! prenez pitié d'une infortunée, n'ajoutez pas une nouvelle rigueur à son désespoir; voyez, je suis méconnaissable, dévorée de jalousie, d'inquiétudes et de craintes, je cours nuit et jour après un regard de vous, pour ce bonheur, hélas! que je n'obtins qu'à force d'importunité, je fuis tout, j'oublie jusqu'à la nécessité de soutenir mon existence par des alimens: il semble que mon cœur oppressé, les repousse de mon sein, qu'il rejette tout ce qui n'est pas amour. J'enfante mille projets insensés, mille idées désastreuses, enfin, je souffre et frémis ! oh ! prenez pitié de moi !

— Insensé ! qu'espérez-vous ? l'amour se commande-t-il, et puis-je sans le ressentir, répondre à celui que vous dites ressentir pour moi ! Non, non, cessez donc des démarches aussi humiliantes pour vous, que pénibles pour mon cœur, croyez-moi, Lolotte, quittez cette maison que vous ne vîntes habiter que pour être près d'un homme qui ne peut jamais payer votre amour que par la froideur et l'ingratitude ; cessez, vous dis-je, cette continuelle observation de ma conduite, de mes démarches, et pour guérir une passion malheureuse, appelez la raison, l'honneur, à votre secours, écoutez la voix de l'amour-propre, qui vous dit, il y a honte et faiblesse à aimer qui nous repousse et nous afflige.

— De grâce ! un instant chez vous, car j'ai bien froid ici et je me sens mourir.

En disant ces mots d'une voix éteinte, la jeune fille avait saisi le bras d'Édouard sur lequel elle s'appuyait de tout le poids de son corps.

Le jeune homme la fixe avec intérêt, voit que ses paupières se ferment, que sa tête se penche, qu'elle va tomber enfin! alors, chez Morisson, la pitié l'emporte sur toute autre considération, effrayé de l'état dans lequel il voit la pauvre fille, ses bras s'ouvrent pour parer à sa chûte, il la soulève, et la sentant glacée, l'emporte dans ses bras, traverse le jardin, pénètre chez lui, et sur un siége de sa chambre à coucher, près d'un feu ardent, dépose son fardeau. Éveillera-t-il le vieux domestique qui le sert depuis l'enfance?

Non, car il faut que personne ne voie cette femme chez lui, et cela résolu, Édouard s'empresse de prodiguer des secours à Lolotte, de réchauffer son corps glacé, de la rappeler à la vie! enfin elle ouvre les yeux, et son premier regard se porte sur Edourrd.

— Pourquoi, cruel! ne pas m'avoir laissé mourir? pourquoi ces soins touchans, vous dont la rigueur est pour moi un arrêt de mort? murmure la jeune fille en pressant la main de celui qui vient de la secourir.

— Imprudente! voyez l'état où vous réduit une folle passion! vous, si jeune, si belle! vous, qui en joignant à tant d'attraits une conduite plus prudente, êtes faites pour embellir la vie d'un honnête homme, pourquoi vouloir, par un fol entêtement, gâter en vous un avenir de bonheur et de félicité? Lolotte! pauvre fille! dont je plains l'égarement du plus profond de l'ame, oh! revenez à la raison, cessez d'envier la possession d'un cœur qui ne m'appartient plus, que j'ai donnée pour toujours, et sur un autre non moins digne et plus libre que moi, reportez ces tendres affections. Oui, croyez-moi, cessez en nourissant un amour sans espoir, d'augmenter vos souffrances, de m'affliger par l'aspect de vos larmes, de torturer mon ame par des plaintes continuelles, par des prières que je ne puis exaucer.

— Lolotte, continue le jeune homme avec douceur, et assis près de la jeune fille? Lolotte, soyez prudente, n'alimentez pas davantage une flamme funeste, par la présence de celui qui vous l'inspirera, quittez cette maison trop voisine de la mienne, éloignez-vous de ce pays, de moi, ne prononcez plus mon nom, ne m'accordez pas un souvenir; alors, avec l'oubli d'Édouard, reviendront en votre ame, la paix et le bonheur.

— Vous oublier! le puis-je? m'éloigner, est-ce possible? existerai-je loin de vous, oh! non, ce sacrifice n'est pas en mon pouvoir! la frêle enveloppe de mon âme peut être absente! mais ce cœur, ce cœur passionné, ce seul lien de la vie pour l'être aimant, il reste, il erre, il s'attache à vos pas, il ne peut vous quitter!... répond la jeune fille avec feu!

— Ah! quelle obstination! fait Édouard, peu maître d'un mouvement d'impatience; répondez, mademoiselle, prétendez-vous, se fiant sur les ménagemens dûs à une femme de la part d'un honnête homme, prétendez-vous, dis-je, m'imposer votre amour et votre présence continuelle? mais ce serait tyrannique, insupportable, et j'ignore comment votre orgueil ne s'est point déjà révolté cent fois, devant ma froideur et mes refus.

—Imprudente! continue Édouard, ignorez-vous qu'un autre que moi, eût feint de payer votre amour de son amour, qu'excité par la vue de vos charmes, il eût payé vos tendres et sincères caresses, par des caresses libertines et trompeuses; qu'après avoir dans vos bras, épuisé ses désirs voluptueux, son mépris et son abandon eussent été votre partage? rendez donc grâces au ciel qui a permis que vous vous adressiez à un homme délicat, qui ne pouvant répondre à votre ardeur, a respecté votre faiblesse. Lolotte, séparons-nous, non amans, mais amis, car le regret que vous m'avez témoigné sur le passé, la restitution entre les mains de Lucia, des valeurs que vous teniez de la générosité de Charles, son époux, toutes ces choses, enfin, vous rendent digne de mon estime et de mon amitié. Quelques tems loin de ma vue, efforcez-vous d'imposer silence à une passion malheureuse, puis, guérie, revenez près de moi, entendre les conseils de celui qui met son bonheur à vous espérer aussi vertueuse que belle.

La jeune fille reste quelques instans sans

qu'il lui soit possible de faire entendre une parole, tant l'émotion, les larmes, suffoquent ses facultés, puis faisant un effort :

— Oh! Charles, oh! Lucia! que vous êtes vengés! hélas! le malheur, le dédain, voilà donc le fruit du repentir, soupire-t-elle amèrement.

— Lolotte, la nuit s'avance, il faut nous séparer, venez, je vais vous ramener chez vous, fait entendre Édouard en présentant son bras à la jeune fille.

— Vous me chassez déjà, fait cette dernière en fixant sur Morisson un regard où se peint la douleur et le reproche.

— Votre position exige du calme, le repos, venez.

Et il cherche à la soulever, mais elle retombe en faiblesse sur le siége.

— Vos jambes refusent de vous soutenir, êtes-vous donc plus souffrante?

— Oui! murmure Lolotte en laissant tomber sa tête sur le bras d'Édouard.

— Pauvre femme! fait le jeune homme.

— Pitié, monsieur, et laissez-moi achever la nuit dans cette chambre.

— Je le voudrais, Lolotte, mais demain, au jour, oubliez-vous que mes gens peuvent vous voir sortir d'ici, oubliez-vous votre réputation? observe Édouard assez embarrassé par la demande de la jeune fille.

— Ma réputation, monsieur; ah! dites plutôt que vous craignez pour vous l'indiscrétion de vos gens, et que le bruit de ma présence chez vous ne parvienne aux oreilles de Lucia.

— De Lucia! exclame Édouard avec mécontentement.

— Oui, de Lucia, que vous aimez, qui

vous aime, de Lucia, l'épouse de Charles, votre maîtresse enfin ! répond Lolotte avec amertume.

— Elle, ma maîtresse, ah! vous calomniez encore, Lolotte, êtes-vous donc incorrigible? s'écrie Edouard en jetant sur la jeune fille un regard où se peignent le reproche et l'indignation.

— Sans elle, vous m'aimeriez peut-être, ne puis-je donc maudire celle qui me ravit le bonheur.

— Ah! que votre langage du moment me détrompe amèrement ! soupire le jeune homme. Puis reprenant, Lucia, Lucia, ma maîtresse ! non, non ! oh ! elle n'a pas cessé d'être digne du respect et du titre qu'elle porte.

A cet aveu prononcé avec feu et vérité, Lolotte d'éprouver un doux frémissement de joie, et le sourire de venir effleurer ses lèvres.

— Pardonnez, dit-elle alors, un mouvement d'amertume, oui, j'en crois vos paroles, et avant de nous séparer, dites que vous ne gardez dans votre ame, nulle rancune de mon injustice.

— Un repentir trouve toujours grâce devant moi, répond Edouard.

En ce moment la pendule vint à sonner la troisième heure de la nuit, et le jeune homme n'osant insister sur le départ de Lolotte, se décide à lui céder sa chambre jusqu'au jour, en l'engageant à goûter quelques instans d'un repos nécessaire à sa santé. En vain la jeune fille espérant prolonger le tête-à-tête, essaie-t-elle de retenir Edouard, qui, envieux de se soustraire à un entretien pénible, et après avoir résisté avec politesse et ménagement à toutes les supplications de Lolotte, s'éloigna au grand mécontentement de cette dernière, restée seule. Après avoir accompagné Edouard jusqu'à la porte, la jeune fille revient prendre la place qu'elle occupait près de la cheminée, et là, la tête appuyée dans ses deux mains, elle se livre tout entière à une douleur mêlée de dépit, dépit inspiré par l'impuissance de ses charmes, contre le cœur de l'homme qu'elle aime comme elle n'a jamais aimé, et pour qui, dans l'espoir de s'en faire un amant, peut-être un époux, elle a renoncé à une vie toute de galanteries et de dissipations, plus, perdu une partie de sa fortune, par la restitution volontaire, faite par elle à l'épouse de Charles. Rien ne peut donc attendrir cet homme en sa faveur, tout le lui prouve, hélas! depuis deux mois qu'ayant quitté la ville pour venir habiter Auteuil, chaque jour elle poursuit Edouard de sa présence, de ses soupirs et de ses larmes, depuis deux mois, qu'instruite de toute l'abnégation que lui a inspiré sa passion, le jeune homme reste froid, immuable, devant tant de sacrifices et de preuves d'amour. Décidément, il ne l'aimera jamais, non, jamais! car son cœur est tout entier à une autre, une autre qu'elle déteste, parce qu'elle lui ravit toute espérance d'être aimée, parce qu'il n'y aura pour elle, que dédain, indifférence, tant que Lucia sera présente. Ah! que ne peut-elle briser, anéantir cet amour qui s'oppose au bonheur du sien! brouiller ces deux amans, les séparer à jamais. Encore un long laps de temps passé dans de semblables réflexions, et Lolotte, en atteignant un petit calpin de son sein, et s'armant du crayon qu'il renferme, de s'écrier, en quittant sa place.

— Osons tout pour l'obtenir! cela dit et armée d'une bougie, elle pénètre dans la ruelle du lit, et sur la boiserie qui tapisse l'alcôve, sa main trace ces mots au crayon.

« C'est après une nuit d'amour et de vo-
» lupté, encore enlacée de tes bras, hu-
» mide de tes baisers, que ta Lolotte, oh!
» mon Edouard, trace ici le serment de
» t'adorer toute la vie. »

Et cela fait, la jeune fille laisse retomber le rideau sur ces lignes mensongères, parcourt ensuite la chambre, s'empare d'une bague qu'elle trouve sur la cheminée, bague appartenant à Edouard, et que souvent elle a vu à son doigt, puis détachant un léger fichu de gaze qui couvrait son sein, elle le place sous le coussin d'une bergère, puis se jette ensuite sur un siége, où elle attend le jour, après avoir fermé aux verroux la porte de la chambre.

Edouard ayant quitté Lolotte, s'était retiré dans son cabinet, disposé à passer le reste de la nuit sur un fauteuil; sentant le sommeil fuir sa paupière, il se livra donc à ses pensées, et les porta toutes avec ivresse vers sa douce Lucia. La veille, le jeune homme avait reçu une lettre de cette femme adorée, lettre pleine de charmes, où la jeune femme peignait son âme tout entière, l'excès de son amour, ses scrupules délicats; Edouard avait plusieurs fois déjà parcouru les lignes de cette missive précieuse, et pourtant, en ce moment, sa main saisissait encore le papier, sa bouche le couvrait de baisers, ses yeux en parcourait de nouveau le contenu; sachons donc aussi ce qu'il contient.

« Je médite dans le silence de la nuit,
» mes actions, les vôtres, ce tissu d'évé-
» nemens qui a renversé mes résolutions, et
» anéanti mes principes. Ah! mon Edouard,
» que de sujets d'alarmes me cause votre
» cruelle exigence, et combien souffre
» votre amie à l'idée que vous la confondez

» avec ces femmes faciles, oublieuses de
» leurs devoirs d'épouses. Hélas! que sont
» donc devenus chez vous, cette douceur,
» cette délicatesse, cette soumission pro-
» mise à mes volontés?... Mon Dieu! la
» perte de tant de bonnes qualités réveil-
» lent maintenant en moi mille alarmes.
» Ah! mon ami, si vous saviez à quel
» horrible tourment mon ame fut en proie,
» lorsqu'hier, profitant d'un moment d'i-
» solement, d'un doux abandon de la part
» de votre amie, vous osâtes lui faire enten-
» dre un coupable désir. Prenez garde,
» Edouard, encore une faute semblable,
» et vous seriez perdu dans mon esprit,
» alors, plus de confiance, plus d'entrevues
» secrètes, plus de douces caresses. Faut-
» il donc que votre faute me contraigne à
» vous rappeler le serment que j'ai fait
» d'être liée à vous, mon ami, par tout ce
» que la passion la plus forte peut permettre

» de sacrifices et de relations innocentes,
» et jamais par un nœud qui éteint ou dé-
» grade le plus sublime des sentimens, en-
» fin, que je veux et dois mourir l'épouse
» chaste et victime de Charles Dormer. Et
» si jamais ma résolution venait à chanceler,
» loin de profiter de mon indigne faiblesse,
» oh! mon Edouard, jurez aussi de me rap-
» peler à la sagesse, que vous vous éloigne-
» rez de moi pour toujours; mais croyez-
» le bien, les espaces alors ne pourraient
» entièrement nous séparer, car nos deux
» ames seraient une, et les obstacles, la
» vertu, ajouteraient à notre amour, à notre
» fidélité. Ainsi donc, mon ami, plus de
» coupables pensées, plus rien qui tenterait
» d'avilir votre Lucia à ses propres yeux
» comme aux vôtres. Oui, soyez l'homme
» délicat que je désire, que je sois fière
» de mon ami, et qu'il me tienne lieu de
» tout, de tout, hélas! A mon tour, je vous

» dois un aveu et ne vous cacherai pas que
» le ciel a mis dans mon ame un levain
» brûlant de jalousie. Il ne peut que s'ac-
» croître dans ma vie privée, dans la soli-
» tude à laquelle je me condamne. Pensez-
» y bien, Edouard, la moindre assiduité, la
» moindre démarche de votre part auprès
» d'une femme, fût-ce même dans l'inten-
» tion de m'inquiéter, vous fermerait mon
» cœur, et me ferait mourir de douleur...
» Je renonce à toute vanité, à toute dissi-
» mulation, pour vous faire ce pénible
» aveu, parce qu'il peut prévenir le plus
» grand malheur, celui de nous séparer
» pour la vie. Mais ne parlons plus d'in-
» constance, car je vous en crois incapable,
» et cette sécurité est un bonheur qui jette
» un charme inconcevable sur tous les in-
» stans de ma vie. Venez nous voir demain,
» mon ami, ma mère est souffrante, et
» votre présence soulagera ses maux.

» Nulles nouvelles de Charles ; on ignore
» ce qu'il est devenu, impossible donc de
» lui faire savoir que ses dettes sont payées,
» grâce à la généreuse restitution des cin-
» quante mille francs que nous a remis
» Lolotte. Qu'en dites-vous, Edouard, l'ac-
» tion de cette femme n'efface-t-elle pas
» les fautes de son passé ?...

— Chère Lucia ! s'écrie le jeune homme
après avoir lu, puisse ta vertu s'opposer aux désirs brûlans que m'inspire la vue
de tes charmes, mais cruelle ! quelle condition oses-tu m'imposer ! de rester froid à
tes suaves caresses, de conserver la raison
lorsqu'elles portent le délire dans mes sens,
qu'elles enflamment tout mon être d'amour
et de volupté ! oh ! impossible ! car tu exiges,
Lucia, un sacrifice au-dessus des forces d'un
mortel, un ange même, succomberait à une
aussi dangereuse tentation..... Tes devoirs

d'épouse, dis-tu, mais il n'en existe plus pour toi, tu es libre, Lucia, libre par la volonté de celui qui ne sut pas apprécier tout ce qu'avait de précieux ta divine personne, tu es libre par les lois. Bien loin donc un scrupule importun, et paie alors, de ta précieuse et entière possession, tout l'amour que je ressens pour toi.

Il faisait grand jour, lorsqu'Edouard que le sommeil avait surpris dans ses réflexions, s'éveilla et porta sa première pensée sur Lolotte, qu'il était important pour lui d'éloigner de sa demeure. Il se dirigea donc aussitôt vers la chambre où il avait laissé cette jeune fille, et frappa doucement à la porte. Nulle réponse.

— Elle dort, ne troublons pas son repos, dit le jeune homme en s'éloignant, et retournant dans son cabinet dont la sonnette fit accourir un vieux serviteur.

— Girard, dit Edouard à ce dernier, tu

as trop bonne opinion de ton maître, pour qu'il puisse craindre de ta part le moindre doute injurieux sur la véracité de ses paroles, et la plus simple des médisances sur sa conduite......

— Le ciel m'en préserve! monsieur, répond le vieillard.

— Or! mon vieux compagnon, apprends donc qu'une jeune et jolie femme a passé la nuit, seule, il est vrai, dans ma chambre à coucher, où en ce moment elle repose encore. Ainsi donc, comme une affaire que je ne peux différer m'appelle ce matin à Passy, c'est toi que je charge du soin de congédier poliment cette femme aussitôt son réveil; surtout, fais en sorte de m'éviter sa présence à mon retour, qui ne s'effectuera que cet après-midi.

— Vos ordres seront exécutés, monsieur, répond le vieux serviteur.

Puis, sa toilette terminée, Edouard s'éloigne sans avoir aperçu Lolotte.

Une heure à peine s'était écoulée depuis le départ du maître de la maison, que la cloche de la porte donnant sur la rue s'agita avec force, et que Girard, du plus vite que lui permettaient ses jambes, fut ouvrir au bruyant visiteur.

— Bonjour, Girard, ton maître est chez lui, n'est-ce pas?

—Non, monsieur Briolet, monsieur vient de sortir il y a peu d'instans, répond le domestique.

—Ah! bah! venir de Paris ici, d'un froid semblable, pour rendre visite à une jolie femme et à un ami, et ne trouver ni l'un ni l'autre chez eux, c'est jouer de malheur, n'est-ce pas, Girard, dit le petit homme, le visage enfoncé dans un cache-nez et en battant la semelle sur le pavé.

—En effet! monsieur, cela est fort contrariant.

—Oh! c'est égal; il faut mon vieux Girard, que vous me donniez asile, et de plus, à déjeûner, car je meurs de froid et de faim; ensuite, ça me donnera la facilité d'attendre le retour d'une de vos voisines, une jolie femme nommée Lolotte, à qui j'ai absolument besoin de parler, et qui ne peut tarder à rentrer d'après le dire de sa femme de chambre.

—Entrez, entrez, monsieur, soyez le bien-venu, je vais m'efforcer, en vous recevant de mon mieux, de vous faire sentir le moins possible l'absence de mon maître.

—Très bien! vous êtes un excellent homme, Girard. Cela disant, Briolet, traversait le jardin, se dirigeait vers la maison, lorsque le bruit d'une fenêtre qui s'ouvrait lui fit lever la tête, et reconnaître Lolotte, dans la dame qui, en ce moment se mettait au balcon.

— Lolotte! par quel hasard? s'écrie le jeune homme avec surprise.

— Vous connaissez cette dame? demande Girard.

— Certainement, elle n'est autre que celle que je venais voir à Auteuil.

— Attendez, Briolet, je suis à vous, fait entendre Lolotte, en quittant la fenêtre.

— Le diable m'emporte, si je comptais la rencontrer ici, par quel hasard s'y trouve-t-elle?

— Je l'ignore, monsieur.

— Girard, vous faites le discret, vieux farceur, mais je devine.

— Prenez garde de porter un faux jugement, répond le serviteur, contrarié, sans savoir trop pourquoi, de la rencontre, chez son maître, de ces deux personnages.

— Venez, suivez-moi, Briolet, en l'absence du maître de ce logis, je vous offre le mien, situé à deux pas d'ici... Venez de suite, vous dis-je, fait entendre Lolotte qui est venu joindre Briolet sous le pérystile, et l'entraîne par le bras.

— Volontiers, ma toute belle, aussi bien, j'ai beaucoup à vous dire. Adieu, Girard, merci de votre bonne volonté, mon cher, mais la beauté m'entraîne, et je suis sa personne comme sa douce loi, dit Briolet, en s'éloignant. Quelques minutes, et Lolotte introduit le jeune homme chez elle, s'enferme avec lui dans un petit salon où pétille un bon feu; mais non, sans avoir avant, ordonné à sa femme de chambre, de préparer le déjeûner.

— Quel heureux hasard, Briolet, vous amène près de moi?

— Ma toute adorable, le besoin pressant que j'ai de votre protection, concernant mon prochain mariage avec la beauté que j'adore et qui me désespère.

— Quoi! madame Saint-Léger continue à être récalcitrante à vos désirs? fait Lolotte, en s'efforçant de sourire.

— Plus que jamais; croiriez-vous qu'il vient de lui prendre une aversion subite pour le mariage, qu'elle ne menace pas moins que de se faire religieuse. A-t-on jamais vu idée semblable sortir du cerveau de femme jeune, jolie et fortunée. Avouez qu'elle me jouerait là un trait infâme, et que ce serait fort mal récompenser mon amour et mes soins.

— Folle idée, elle n'en fera rien, je vous le jure.

— Je l'espère, car ce serait infâme et de la dernière ingratitude à mon égard; moi, qui depuis bientôt un an, me confonds en galanterie près d'elle, qui la comble de présens, d'égards, moi, qui malgré ma répugnance, n'a cessé de porter son petit chien, lorsque nous étions en promenade, sans parler de son châle et de son ombrelle, moi qui lui offre mon nom avec mes six mille livres de rente, sur lesquelles il ne m'en reste plus que quatre, tant j'ai dépensé d'argent à satisfaire les caprices de la cruelle.

— C'est mal, très mal de sa part, et je plaiderai en votre faveur, la déciderai à l'union désirée par vous, mon pauvre Briolet.

— Vous êtes une femme adorable et mon bon ange, ma chère Lolotte. Oh! je savais bien qu'en venant vous conter ma peine, je trouverais en vous un excellent avocat, un auxiliaire puissant; aussi n'ai-je pas hésité à me mettre ce matin en route, pour venir vous surprendre dans l'asile champêtre où il vous a pris, je ne sais trop pourquoi, la fantaisie de venir vous ensevelir cet hiver.

— Tête folle ! ne savez-vous combien j'aime Édouard, et qu'il habite ce pays ; répond Lolotte.

— C'est juste ! il n'y a que la rue à traverser, c'est tout commode. Ah ça, mais vous êtes donc parvenue à l'apprivoiser, cet Édouard, à lui faire partager la passion que vous ressentez pour lui ?

— Oui, et je suis la plus heureuse des femmes.

— Je ne m'étonne plus alors de vous avoir trouvé ce matin chez lui.

— Votre surprise fut grande, n'est-il pas vrai, Briolet, en m'apercevant à la fenêtre de sa chambre à coucher ? dit la jeune femme en appuyant sur les derniers mots.

— Ah ! c'était à la fenêtre de sa chambre

à coucher. Peste ! il paraît que vous êtes au mieux ensemble.

— Je vous avouerai, Briolet, que me rendant chaque soir près d'Édouard, chaque soir, aussi, je reçois de lui des preuves du plus tendre amour.

— Sûrement ! il passe la nuit à vous en convaincre, reprend le jeune homme. Et Lolotte baisse les yeux, puis sourit en dessous avec malice.

— Franchement, ma gracieuse, je ne puis revenir encore de votre triomphe sur notre flegmatique Édouard, moi qui, instruit de votre caprice pour lui, désespérait de vos succès.

— Eh ! ne savez-vous pas, Briolet, que ce que femme veut, Dieu le veut !

— Le miracle que vous venez d'opérer commence à m'en convaincre. Ah ça, mais, que doit penser Lucia de l'inconstance de Morisson, lui qui semblait l'aimer si fort?

— Je doute qu'elle en soit instruite.

— Quoi, vous possédant pour maîtresse, Edouard se permetterait-il de continuer sa cour à ma cousine?

— Hélas! je crains que cela ne soit, et cette pensée fait mon tourment.

— Voilà qui serait abominable et que je ne souffrirai pas. Tromper Lucia à ce point, fi donc!

— Si la chose était réelle, j'ai le droit, je pense, de m'en irriter plus que vous encore.

— D'accord! mais, quoique la mère et la fille m'aient interdit leur demeure sous le prétexte que j'ai joué un vilain rôle lors des affaires de Charles, je ne leur en veux pas et suis tout prêt, au contraire, à courir instruire ma cousine de la perfidie de celui dont elle croit être aimée sincèrement.

— Tel est mon plus grand désir, mon cher Briolet, et ce à quoi j'attache la protection que vous réclamez de moi près de madame Saint-Léger. Non, je ne puis souffrir plus long-temps un amour partagé, et sur le cœur de l'homme qui dit m'aimer, je veux régner seule désormais. Allez donc, Briolet, instruire Lucia de l'inconstance d'Edouard, lui dire qu'il m'aime, qu'il est à moi, que chaque nuit dans mes bras il répète le serment de m'adorer toujours; allez, et, Lucia détrompée, devenez par mes soins l'époux heureux de votre maîtresse.

— De tout mon cœur j'y consens, plus encore dans l'intérêt de ma pauvre cousine... Mais je crains une chose...

— Laquelle? demande Lolotte.

— Que Lucia n'ajoute pas foi à mes discours.

— De prime abord, c'est possible; mais alors parlez-lui de mon séjour à Auteuil, indiquez-lui l'endroit où vous m'avez surprise ce matin; plus, engagez-la à pénétrer secrètement dans l'alcôve d'Edouard, à soulever le rideau, à lire les mots que dans un délire amoureux ma main a tracés sur la boiserie; dites lui aussi que ce matin, dans mon empressement à vous rejoindre, sous le coussin d'une bergère je dois avoir oublié la gaze qui la veille couvrait mon sein; enfin, détaillez lui la forme de cette riche bague que vous voyez à mon doigt, présent de Lucia à Edouard et dont Edouard m'a fait don, comme gage de son amour...

— Le scélérat! exclame Briolet avec indignation.

— Et, si toutes ces preuves ne peuvent

encore la convaincre, conseillez-lui d'épier mes démarches, de me surprendre chez son amant, où chaque nuit, à la douzième heure du soir, je me rends en silence.

— Pour le coup, je pense qu'il n'en faudra pas tant pour la convaincre, et qu'elle sera peu tentée de porter l'épreuve jusqu'à vous surprendre dans le lit du perfide. Quant à moi, Lolotte, malgré le besoin que j'éprouve de votre protection, je ne puis m'empêcher de vous dire que vous êtes un être bien funeste au repos, au bonheur de cette bonne Lucia; qu'il est perfide à vous, après lui avoir enlevé le cœur de son époux, de lui ravir encore celui de son amant.

— Que voulez-vous, mon cher! il y a des destinées malheureuses, et il en est échue une de celles-là à cette pauvre Lucia; ensuite, est-ce de ma faute si, plus jolie ou plus spirituelle, je lui ravis ses conquêtes?

— Mauvaise excuse! s'écrie Briolet.

— Enfin brisons sur ce chapitre, et répondez-moi. Consentez-vous à détromper Lucia sur le compte d'Edouard ?

— Certainement !

— A l'instruire de sa liaison intime avec moi ?

— Sans doute, et même pas plus tard qu'aujourd'hui.

— Très bien ! venez donc alors m'instruire demain, à mon appartement de Paris, des résultats de votre démarche, où moi-même vous rendrai compte de celles qu'en votre faveur je vais entreprendre ce jour près de madame Saint-Léger.

— Fort bien ! surtout, Lolotte, ayez soin de dépeindre à ma cruelle, tout l'excès de mon amour, de lui affirmer que je ne puis plus vivre sans sa divine protection, et que si je n'obtiens sa main avant un mois, je suis capable de me détruire de désespoir.

— Comptez sur mon zèle. A propos, ajoute la jeune femme, quelles nouvelles de Paris, et le capitaine, est-il enfin rétabli ?

— Entièrement, il court par la ville depuis quinze jours déjà. Cependant la blessure était grave, la balle ayant traversée le corps. Oh ! le diable n'est pas facile à tuer, en voilà bien la preuve.

— N'ayant plus Charles sous la main, son génie infernal s'occupe sans doute à chercher une autre victime à torturer ?

— C'est à dire, qu'il ne s'occupe que d'une seule chose en cet instant, celle de plaider contre sa femme, qu'on croyait morte, et qui venant à reparaître en France, lui dispute la fortune dont il jouit et qu'elle lui apporta jadis en mariage.

— Puisse-t-il perdre son procès, l'infâme !

— Vous demandez sa ruine complète alors, car forcé de restituer, de payer en sus les frais dudit procès, qu'on dit fort scandaleux, de Rinville tombera infailliblement dans la plus profonde misère.

— Et ce ne sera pas moi qui l'en retirerai, je puis vous l'assurer.

— Ni moi, répond Briolet.

Encore un long entretien durant le déjeûner, et nos deux personnages se séparent après s'être renouvelé la promesse d'un rendez-vous pour le lendemain. Le jeune homme tourna aussitôt ses pas vers Passy, et la demeure de Lucia; quant à Lolotte, restée seule, elle vint s'installer près de sa fenêtre donnant sur le jardin de Morisson, afin d'y guetter le retour de ce dernier.

CHAPITRE VI.

SUITE DU PRÉCÉDENT.

— Pardonnez-moi, belle cousine, si, malgré votre défense, j'ose en ce jour me présenter ici, disait Briolet, introduit près de Lucia, qu'il venait de trouver seule dans sa chambre.

— Venez, Briolet, soyez le bien-venu,

car notre rigueur envers vous a eu le temps de s'affaiblir, depuis plus de deux mois que ma mère et moi vous avons exilé loin de nous. Oui, soyez le bien-venu, si l'amitié, le repentir, vous ramènent près de votre bonne tante alitée et souffrante.

— Comment, ma tante est toujours malade ?

— Hélas ! que trop dangereusement, soupire Lucia, en essuyant une larme qui s'échappe de sa paupière.

— Oh ! oh ! voilà qui est fâcheux... Et vous, Lucia, comment va votre santé ?

— Merci, Briolet, je me porte assez bien.

— Toujours jolie, adorable, douce et bonne, cette chère petite cousine. Ah ! comment oser tromper une femme comme celle-là.

— Tromper! exclame Lucia avec surprise.

— Oui, tromper, lui préférer une Lolotte, une fille dévergondée...

— Assez, Briolet; pourquoi parler d'un funeste passé?

— Du tout, c'est du présent dont je m'occupe en cet instant.

— Quoi! Charles serait-il de retour? reverrait-il Lolotte?

— Il est bien question de Charles; ma foi!

— Alors, je ne vous comprends pas, Briolet.

— Je vais me faire comprendre, ma petite cousine, et cette fois, je jure de ne vous faire entendre que la pure vérité, vérité appuyée sur des preuves irrécusables.

— Au fait! Briolet, exclame la jeune femme avec impatience.

— Lucia, vous aimez Édouard Morisson? demande le jeune homme, en fixant sa cousine d'un regard scrutateur.

— Pourquoi cette demande?

— Répondez ; aimez-vous Edouard?

— Je l'estime sincèrement, comme un excellent ami.

— Et comme un amant, que vous croyez fidèle.

— Un amant! fait Lucia, en rougissant.

— Certainement! Eh bien! cet homme vous trompe; il en aime une autre que vous.

— Imposture! monsieur, répond la jeune femme, qui pâlit, et dont un léger tremblement trahit la vive émotion.

— Rien de plus vrai, hélas ! écoutez.

Et Briolet de débiter son chapelet, enfin tout ce dont il est convenu avec Lolotte.

— Impossible ! impossible, mon Dieu ! s'écrie Lucia, ayant entendu, mais non sans avoir interrompu fréquemment son cousin dans sa narration, par ses soupirs et ses dénégations.

— Encore une fois, rien de plus véridique, et facile à vous de s'en convaincre, ma chère Lucia, en pénétrant chez le perfide.

— Non, vous dis-je, Briolet, cela ne peut être, et, cette fois encore, votre zèle imprudent devient l'organe de la calomnie.

— Je vous jure, cousine, d'avoir vu ce matin, de mes propres yeux, Lolotte dans la chambre à coucher de cet Édouard ; d'avoir aperçu au doigt de cette fille la bague donnée par vous à l'infidèle Morisson.

— Lolotte! Lolotte chez Édouard! cette bague à son doigt! ô ciel! comment cela se fait-il? par quel étonnant hasard?... se demande Lucia.

Puis, s'adressant au jeune homme :

— Briolet, avouez que vous n'êtes ici que l'émissaire de Lolotte; qu'elle seule vous a donné connaissance des choses que vous venez de m'apprendre. De grâce! répondez avec franchise, ou vous êtes le plus méchant des hommes!

— Dam! cousine, nul doute que ce ne soit elle de qui j'ai tout appris, mais les choses n'en sont pas moins vraies, les preuves sont irrécusables encore une fois.

— Et qui vous assure que sa bouche n'a pas proféré le mensonge, la calomnie? que la ruse ne lui a pas facilité les moyens de pénétrer chez Édouard, d'y laisser des traces accusatrices de sa présence, et de s'emparer de la bague qu'elle prétend tenir de l'amour de Morisson? dit la jeune femme avec feu.

— C'est juste! cela pourrait bien être, et je n'y avais pas réfléchi, dit Briolet, qui perd son aplomb.

— Briolet, vous venez encore de me porter un funeste coup, en vous faisant l'auxiliaire d'un de mes ennemis ; à vous donc mon mépris, si vous ne vous hâtez de m'aider à vous convaincre, ainsi que moi, de l'innocence d'Édouard et de la fausseté de Lolotte.

— Chère cousine, certainement que je ne demande pas mieux, pourvu que Lolotte ignore que je vous ai secondé dans cette circonstance.

— Quoi! vous dites être mon parent, mon ami, et vous tenez à l'estime de cette femme, et craignez de l'indisposer contre vous! dit Lucia, en fixant sur le cousin un regard où se peint le reproche.

— Hélas! oui, cousine; en voici la raison : j'aime, j'adore et convoite la main d'une femme adorable, amie intime de cette Lolotte.

— Et vous craignez que Lolotte ne vous nuise dans l'esprit de madame Saint-Léger?

— O ciel! vous venez de prononcer le nom de la femme que j'idolâtre; vous la connaissez donc, Lucia? N'est-ce pas qu'elle est belle et gracieuse, ma charmante Saint-Léger? s'écrie Briolet avec enthousiasme.

— Fi donc! Briolet, vous devriez rougir d'une pareille liaison.

— Hein! plaît-il? que dites-vous donc, Lucia?

— Que cette madame Saint-Léger, à qui vous consacrez votre hommage, que vous désirez pour épouse, n'est autre qu'une intrigante répudiée par son époux, chassée par lui du toit conjugal; une femme galante en un mot, devenue la maîtresse salariée d'un banquier, après avoir été celle d'un de Rinville!...

— Grand Dieu! que m'apprenez-vous là? et de qui, chère cousine, tenez-vous ces détails? fait Briolet atterré.

— De M. Édouard Morisson, qui, ayant appris par le capitaine l'amour qui vous enchaînait à cette femme, et jaloux de vos intérêts, en qualité de mon parent, s'empressa de prendre sur madame Dorville, dite Saint-Léger, des informations scrupuleuses.

— Et il découvrit tout cela ?

— Plus, répond Lucia, que l'époux de cette femme existe encore, et qu'il occupe avec probité une place de caissier chez monsieur Wandermann, banquier, rue Hauteville, où il vous sera facile, Briolet, de prendre vous-même des renseignemens.

— La perfide ! Mais quelles étaient donc ses intentions en me trompant ainsi ?

— Sans doute d'exploiter à son profit votre faiblesse et votre fortune, répond Lucia.

— Hélas ! je ne le vois que trop maintenant. Ah ! que je regrette ma longue assiduité et les quarante mille francs que cette infâme m'a fait dépenser pour satisfaire ses caprices. Oh ! rage ! oh ! fureur ! une femme mariée, une maîtresse d'un de Rinville, me jouer de la sorte ! Et moi, assez sot pour me laisser bafouer, ruiner, assassiner ainsi !

Et cela disant avec désespoir, Briolet s'arrachait les cheveux, se frappait au visage, et Lucia, par des paroles consolantes, essayait d'apaiser la violence de ce chagrin.

— Eh bien ! Briolet, consentez-vous maintenant à me sacrifier l'amitié de Lolotte ? demande la jeune femme, en présentant une main amicale à son cousin.

— Pouvez-vous en douter ? Parlez, cousine ; qu'exigez-vous ? Je suis désormais à vous de corps et d'ame.

— Venir vous convaincre avec moi qu'Édouard est innocent.

— Je n'en doute nullement, et n'ai besoin pour cela que de connaître la perfidie de cette Lolotte.

— N'importe, Briolet; aidez-moi à chasser de mon ame la douloureuse incertitude qu'ont fait naître en elle vos funestes paroles, et cela, en consentant à m'accompagner ce soir à Auteuil.

— Très volontiers, bonne cousine, disposez de moi comme vous l'entendrez.

— Alors, passez le reste de cette journée ensemble, près du chevet de ma mère, et, lorsque le sommeil, ce soir, aura clos sa paupière, tous deux nous quitterons cette demeure.

Briolet accepte, et, guidé par Lucia près du lit de la malade, il reçoit de cette dernière un accueil agréable.

Lucia s'est échappée de la chambre de sa mère : désireuse d'un instant de solitude, elle est allée s'enfermer dans la sienne. Là, notre jeune femme, qui s'est jetée sur un siége, se laisse aller à sa rêverie. Non, Lucia

ne croit point à l'inconstance de son ami :
Édouard sortira pur de l'épreuve qu'elle va
tenter ; et cependant une inquiétude vague,
involontaire, l'agite malgré elle. Pourquoi?
Parce qu'elle se rappelle les traits de Lolotte, et qu'une rivale aussi jolie ne peut
être que redoutable aux yeux de celle dont
elle convoite l'amant aimé... Lolotte dans la
demeure d'Édouard, enfermée dans sa
chambre!... Et cette bague, comment se
trouve-t-elle en la possession de cette fille?
Hélas! qui donc expliquera ce mystère à la
pauvre Lucia?... Édouard se serait-il oublié
un instant, et séduit par des charmes dangereux, aurait-il manqué à la foi jurée?
Impossible! car ses discours ont prouvé
cent fois le mépris qu'il porte à la courtisane. Non, non, point de doutes injurieux
contre l'homme délicat et sincère ; confiance
en l'ami dévoué, en l'amant sensible et discret.

Et Lucia, en terminant ainsi, de passer la main sur son front, comme pour en chasser les soucis qui l'assiègent; puis, s'armant d'une ferme résolution, elle se dispose à retourner près de sa mère.

La porte de la chambre s'ouvre; quelqu'un entre, c'est Édouard; et la jeune femme, saisie de trouble et de surprise à cette apparition, reste un instant muette et immobile.

— Lucia, pourquoi ce saisissement à ma vue? cette froideur non habituelle? s'informe le jeune homme d'une voix douce, après s'être approché de Lucia, et en pressant sa main dans la sienne.

— Je ne sais, mon ami, peut-être la surprise que vient de me causer votre présence inattendue, répond la jeune femme en souriant.

— En effet, elle a droit de vous surprendre, vous ayant quittée il y a quelques heures.

— En m'annonçant, mon ami, que je ne vous reverrais plus que demain. A ce qu'il paraît, Édouard, vous me ménagiez une douce surprise ?

— Non, car des affaires importantes devaient un jour entier me retenir à Paris; mais l'absence de mon homme d'affaires me laissant maître de tout mon temps, j'ai cru, Lucia, ne pouvoir l'employer plus agréablement qu'en vous le consacrant.

— Ainsi donc, rien qui vous soit plus cher que moi ne vous rappelait à Auteuil ? s'informe la jeune femme, en fixant Morisson.

— Avez-vous donc oublié que tout ce que j'aime et qui me fait chérir la vie, habite la demeure où nous sommes en ce moment ?

— Ah! que ne puis-je lire au fond de votre cœur, afin de bien m'assurer de la sincérité de ces paroles?

— Hélas! pourquoi ce désir, Lucia? Vous ai-je jamais donné le droit de douter de ma franchise et de l'amour extrême qui m'attache à vous?

— Jamais, mon Édouard. Hélas! pardonnez-moi l'expression de ce doute offensant; mais quand on aime on est si craintive.

— Enfant! fixe cette glace, et dis ensuite s'il est un autre objet qui te soit comparable, répond le jeune homme, en entourant de ses bras la taille svelte de Lucia, et la conduisant vers le miroir.

— Ainsi donc, nulle autre que moi, même plus belle, plus libre, ne pourrait l'emporter dans votre cœur?

— Je t'en fais le serment!

— Édouard, où donc est la bague que je vous ai donnée? Pourquoi n'est-elle plus à votre doigt?

— Hier, je la déposai sur mon baguier, et chassé de ma chambre à coucher, où je ne pus même rentrer ce matin, il m'a été impossible de me parer aujourd'hui de ce bijou chéri.

— Chassé de votre chambre, Édouard, et par qui?...

— Ceci est une aventure des plus bizarres, enfin, la suite d'une persécution dont je suis la victime depuis près de deux mois, dit le jeune homme en riant.

— En vérité, je ne comprends rien à cela, de grâce, Édouard, expliquez-vous, fait Lucia en s'efforçant à dissimuler le trouble qui l'agite.

— Non, dispensez-moi de vous en dire

davantage, car cette aventure n'est rien moins qu'agréable.

— Elle a donc à juste droit celui de m'inquiéter; je vous en conjure, mon ami, faites-la moi connaître.

— Enfant! pourquoi cette curiosité?

— Édouard, parlez, je veux savoir absolument! prononce Lucia d'un ton ferme.

— Vous l'exigez, je me rends; mais sachez avant, que la crainte de vous affliger m'a fait seule garder, jusqu'à ce jour, le silence sur cette aventure.

Alors Édouard, de faire connaître à Lucia le séjour de Lolotte à Auteuil, la passion que pour lui dit ressentir cette femme, et les poursuites dont elle ne cesse de l'accabler, puis termine en racontant l'aventure de la veille.

— L'indigne!!! s'écrie Lucia toute tremblante de dépit, après avoir écouté.

—Plaignons-la, ma douce amie, et, chassant toutes craintes jalouses et ridicules, laissez-moi ramener cette infortunée à la raison, dit le jeune homme.

—Non, Édouard, non, je vous défends de parler à cette femme; car elle est indigne de votre pitié, celle qui, pour désunir nos deux cœurs, ose vous calomnier près de moi.

Et Lucia, à son tour, répète à Édouard son entretien avec Briolet, et l'instruit par-là, de la soustraction de la bague, du fichu oublié et des lignes tracées sur la boiserie de l'alcôve.

— La folle! je la plaignais, et maintenant je ne puis que la mésestimer encore plus. Oh! Lucia, à toi mon amour pour la vie; car, certaine de la constance de ton ami, le doute injurieux n'a pu trouver place en ton âme! fait entendre Édouard en pressant Lucia sur son cœur, en déposant sur ses lèvres la plus tendre caresse.

— Hélas! pourquoi me croire ainsi exempte de faiblesse?

— Quoi, Lucia, tu m'aurais fait injure?

— J'ai craint, mon Édouard, et le trouble est venu se placer dans mon âme, en apprenant qu'une autre, non moins belle que moi, me disputerait le cœur où je veux régner seule.

— Qu'importe la beauté d'une rivale, si son âme n'est pourvue de la beauté de la tienne. Oh! ma divine amie, dit Édouard en s'agenouillant devant la jeune femme, que ses bras entourent et pressent fortement. Alors Lucia sourit avec tendresse à son amant, sur le front de qui elle dépose un baiser, qui de suite est rendu avec usure sur ses lèvres vermeilles. Dans les bras l'un de l'autre, assis sur le même siége, commence à demi-mot, entre les deux amans, le plus doux entretien qu'interrompent d'instant en instant de brûlans baisers, des soupirs amoureux.

Pauvre Lucia! comme ses mains semblent supplier, comme les mots sagesse et vertu s'échappent de sa bouche, jamais, peut-être, ne les a-t-elle tant prodigué et plus fréquemment trahi qu'en ce moment. Hélas! que la sagesse est libertine! que d'abandon dans sa retenue! quel raffinement dans ses demi-faveurs. Poussés par le démon de la séduction, Édouard et Lucia oublient le ciel et la terre; unis étroitement ensemble, ils s'inondent de caresses voluptueuses, leurs bouches rapprochées, entr'ouvertes, se brûlent d'un souffle ardent; alors l'amante alarmée s'écrie :

— Édouard, au nom du ciel, possédez-vous! mais de ce cri amoureux, de ce ton mourant qui dit bien plutôt : possédez-moi!

Le jeune homme, quoique la tête perdue, en conserve encore assez pour traduire parfaitement ce cri de la nature; abjurant ses erreurs platoniques, son amour se matérialise aussitôt, et, la bouche collée sur Lucia mourante, que ses bras ne se soutiennent plus, ils glissent sur sa taille plus rapide que l'éclair... Les voilà qui disparaissent... Édouard va être le premier des mortels... Hélas! il n'a pas le temps d'être un Dieu! car plusieurs coups frappés violemment sur la porte, effraient les amours, rappellent Lucia à la raison, la font fuir en désordre dans un cabinet, où elle s'enferme rouge et tremblante, laissant Édouard consterné et seul dans la chambre.

— Cousine, qu'avez-vous donc? êtes-vous malade? je viens de vous entendre soupirer d'une façon pénible.

De la part des amans, pas de réponse à ces paroles de Briolet.

— Cousine, répondez donc, seriez-vous indisposée? ouvrez, je viens de la part de votre mère, ma chère tante, qui vous désire, vous attend!... Rien, nulle réponse encore, et Briolet persuadé d'avoir entendu soupirer dans la chambre, s'imagine que sa cousine est en danger, et à cet effet, essaier d'enfoncer la porte; mais ne pouvant y réussir, s'empresse d'aller semer l'alarme et d'appeler du secours.

—Fuyez, fuyez, Edouard; qu'on ne vous trouve point ici; car, que penserait-on de notre silence? s'écrie Lucia en proie à la plus vive émotion en sortant du cabinet. Mais le jeune homme, lui fait observer qu'il serait imprudent de fuir, et dangereux d'être aperçu des gens de la maison, puis il offre de se cacher dans le cabinet.

— Non, non, fuyez, Edouard, je vous en conjure! répond Lucia les mains jointes.

Alors Edouard, prenant la frayeur de la jeune femme en pitié, consentait à s'éloigner par l'escalier dérobé, afin de gagner le jardin; lorsqu'un bruit de pas, qui se fit entendre dans le corridor, vint le contraindre à se jeter brusquement dans la cachette que venait de quitter Lucia.

— Mon dieu! pourquoi tout ce bruit? s'informe la jeune femme en ouvrant sa porte et d'une voix tremblante.

— Ah! vous voilà, chère cousine, je vous croyais malade, mourante, ne vous ayant pas entendu répondre tout-à-l'heure à ma voix, dit Briolet, entrant suivi d'une femme de chambre et d'un domestique, ce dernier armé d'une barre de fer, destinée à enfoncer la porte.

— Je dormais sans doute, répond la jeune femme dont les joues en disant ces mots se couvrent d'un vif incarnat.

—Alors, cousine, permettez-moi de vous dire que vous avez le sommeil diablement profond.

— Au fait! Briolet, que me voulez-vous?

— Moi, rien pour l'instant, petite cousine; mais, c'est votre mère qui, inquiète de votre longue absence, vous demande à son chevet.

— Venez, Briolet, allons ensemble près d'elle.

Et cela disant, Lucia pressait Briolet de sortir de la chambre et de la suivre chez sa mère.

— Eh bien! cousine, toujours pour ce soir, n'est-ce pas?... dit Briolet en chemin.

— Non, non, mon ami, convaincue du

mérite de monsieur Morisson, ce serait lui faire injure que d'épier ses actions.

— Alors, cousine, si je ne vous suis d'aucune utilité, permettez-moi de retourner à Paris, où m'appelle le désir brûlant de confondre ma perfide maîtresse, et d'essayer à lui faire restituer les dons qu'elle tient de ma munificence.

— Faites, Briolet, mais revenez nous voir; désormais union entre nous, amitié sincère et constante.

Briolet embrasse sa cousine, prend congé de sa tante, puis s'en retourne en hâte à la ville.

Lorsqu'une femme a craint d'avoir à se plaindre de son amant, jamais elle n'est plus faible que l'instant où, détrompée, elle cherche à force de caresses et de soins à réparer les torts de son imagination; aussi, rien ne fut-il plus facile à Edouard d'imposer silence aux reproches de Lucia, lorsque revenant, le soir, goûter le repos dans sa chambre, ses yeux, avec surprise, y rencontrèrent son amant.

— Vous encore ici, Edouard, y pensez-vous ? pourquoi ne pas être venu voir ma mère ? qu'espérez-vous de ce long séjour en cet appartement.

— Je t'attendais, Lucia; mon cœur, envieux de ta douce présence, me l'a conseillé.

— Oh! ciel, quel changement s'est opéré en vous depuis quelque temps, Edouard ! qu'est devenu ce respect que j'admirais et qui vous a rendu si cher à mon cœur?

— Plains-toi, Lucia; mais n'accuse de mes torts que le violent amour, que tes qualités et tes charmes augmentent chaque jour en moi.

— Edouard, vous m'apprenez à vous

craindre, et votre conduite à vous fuir. Hélas! qu'exigez-vous donc, cruel? ignorez-vous qu'ils sont pleins d'amertume, qu'ils sont empoisonnés les plaisirs qui troublent le repos de ce qu'on aime?...

— Moi, troubler ton repos, ton bonheur,.. s'écrie le jeune homme en enlaçant Lucia dans ses bras, en cueillant un baiser sur ses lèvres.

— N'est-ce point la tenter, monsieur, que d'agir ainsi que vous le fîtes ce matin? songez-y, Edouard, en me faisant succomber à vos désirs coupables, vous me ravissez le droit de me plaindre de celui qui porte le titre de mon époux; ma faute devient égale à la sienne; alors, que deviendra l'excuse de ma séparation? pourquoi garderais-je rancune à mon époux d'un crime qui sera le mien? or donc! plus de possibilité de me justifier, même à mes propres yeux : de là, le remords, la honte et le mépris.

Oh! songez-y, Edouard, songez-y, et ne me rendez pas, en me forçant de vous fuir et de ne plus vous aimer, la plus malheureuse des femmes.

En parlant ainsi, Lucia était tombée aux genoux de son amant, et vers lui levait des yeux mouillés de larmes, des mains jointes et suppliantes. Oh! alors qu'elle parut encore cent fois plus belle au jeune homme, comme il s'empressa de la relever, de l'attirer sur ses genoux, de l'étreindre sur son sein, de l'inonder de caresses et d'amour.

Pauvre Lucia, à quoi donc t'a servie d'implorer pour ta vertu, d'implorer la clémence et la générosité de cet homme, qui, profitant en toi d'une nouvelle extase, après avoir captivé ta raison, éteint les murmures du bruit de ses baisers, paralysé en toi les efforts de la pudeur expirante, parvint enfin à goûter dans tes bras toutes les voluptés terrestres, et à partager cette nuit ta couche depuis long-temps triste et solitaire.

Il faisait à peine jour, lorsqu'une voix qui appelait Lucia, se fit entendre à travers la porte et arracha les amans à un sommeil qui, depuis quelques instants seulement, venait de clore leurs paupières.

—Qui est là? s'informe la jeune femme tremblante.

—Venez vîte, madame, hâtez-vous, votre mère se meurt!

—Oh! mon Dieu, vous me punissez déjà! et cela disant, Lucia, hors d'elle, la tête perdue, s'échappe des bras de son amant pour courir près du lit de sa mère.

CHAPITRE VII.

UN AN D'ENTR'ACTE.

Sur une grande route à dix lieues de Paris, dans la salle d'une auberge de pauvre apparence, un homme était assis sur un banc de bois, et les deux coudes appuyés sur une table, son silence et son immobilité annonçaient un être livré à de tristes et profondes réflexions. Devant cet homme était un verre de vin ainsi qu'un morceau de pain bis, que venait de lui servir une fille de l'auberge. Malgré le teint hâlé, les traits amaigris et fatigués de ce personnage, malgré les vêtemens misérables qui le couvraient, il était aisé avec un peu d'attention de deviner un homme jeune encore et habitué à une meilleure position.

—Mangerez-vous quelque chose avec votre pain, brave homme? vient demander l'aubergiste à notre voyageur.

— Non! répond ce dernier d'un ton sec, sans daigner jeter un regard sur son interlocuteur.

—Hum! vous allez faire un déjeûner bien maigre! si vous vouliez m'en croire, une bonne omelette d'un demi-quarteron d'œufs graissée de force morceaux de lard accompagnerait fort agréablement ce chicot de pain noir.

—Merci, vous dis-je ; j'ai peu d'appétit et n'ai d'autre besoin que celui d'un instant de repos avant de continuer ma route.

—Vous allez à Paris ?

—Oui.

— Chercher de l'ouvrage sans doute, comme font tant d'autres.

— Que vous importe ! combien vous dois-je ? dit le voyageur impatienté par les questions de l'aubergiste et espérant, après l'avoir payé, être débarrassé de son importunité.

—Oh ! mon brave, ne vous fâchez pas, excusez l'habitude que nous avons de causer sans façon avec les pratiques qui nous font l'honneur de s'arrêter chez nous, et puis, si comme les autres, vous aviez été dans l'intention de chercher du travail, peut-être bien que j'aurions pu vous en procurer sans courir plus loin.

—Du travail! fait le voyageur paraissant sortir de son insomnie et en fixant l'aubergiste avec attention.

—Certainement, et une bonne place encore, et cela, parce que vous me faites l'effet d'un garçon robuste, d'un bon enfant que la misère a vigoureusement travaillé, enfin que vous m'inspirez intérêt et pitié.

—Pitié! exclame le jeune homme avec fierté.

—Dam! plus que d'envie, je vous assurons.

—Parlez, monsieur, quelle sorte de condition m'offrez-vous? dit le voyageur d'un ton plus modeste.

—Celle de garçon palfrenier dans mon auberge; excellente condition, vingt écus de gage par an, un lit de paille fraîche par semaine, la soupe deux fois par jour et des pour-boire sans nombre de la part des voyageurs.

—... J'accepte! répond le jeune homme après un instant de réflexion et en laissant échapper un pénible soupir.

—C'est dit! votre nom?

—Pierre.

—Eh bien! Pierre, endosse la blouse, mon garçon, afin de cacher dessous les tristes guenilles dont tu es affublé, et vite à l'ouvrage, puis dans deux heures la soupe.

Le marché conclu, le nouveau palfrenier prit domicile à l'écurie, où depuis quinze jours déjà il remplissait ses pénibles fonctions, lorsqu'un soir, que le manque de voyageurs lui accordait un instant de repos et que tristement assis à la porte de l'auberge ses yeux mouillés de larmes étaient tournés vers Paris, il vit accourir au loin un cavalier qui, couvert de poussière, vint s'arrêter à la porte de l'auberge ; aller à lui, l'aider à descendre de cheval, et s'emparer de la bride de l'animal pour le conduire à l'écurie, tel fut l'ouvrage de Pierre qui, venant à lever le regard sur le voyageur, pâlit et recula de surprise.

— De Rinville ! s'écrie le palfrenier.

— Charles ! fait à son tour le capitaine non moins saisi de la rencontre.

— Quoi, tu vis encore, misérable ?

— Ce dont je ne puis me féliciter, car si tu m'avais tué je n'aurais pas en ce moment la douleur de te retrouver dans cette ignoble position ; mais, laissons cela et puisque le hasard nous fait rencontrer, déposons toute haine et félicite-toi, Charles, car je puis et veux, en réparant mes torts envers toi, te rendre des jours heureux.

— De Rinville, complotes-tu encore de nouvelles perfidies ? demande le palfrenier en fixant sur le capitaine un regard de mépris.

— Charles, tu jugeras mes intentions après m'avoir écouté de sang-froid; mais, assez nous entretenir à cette porte, fais-moi donner une chambre et servir un souper auquel je te convies, afin de mieux causer ensemble.

— Merci de tout ce qui vient de toi, infâme! répond Charles en jetant à de Rinville, la bride du cheval, jusqu'alors restée dans ses mains.

— Encore une fois, écoute-moi, Charles, crains de lasser ma patience; écoute, te dis-je, car il s'agit pour toi de changer la blouse de garçon d'écurie, contre une fortune certaine et brillante. Voudras-tu m'entendre, maintenant?

— Je ne sais, car tu m'as tant appris à

se méfier de tes paroles, à redouter ta funeste amitié.

— Pourquoi craindre encore, quoi m'oblige à te tromper en ce moment, surtout dans l'ignoble condition où je te retrouve?

— Je l'ignore, et ne puis deviner tes desseins; mais ce dont je suis certain, de Rinville, c'est qu'en ce moment, comme jadis, la vengeance ou l'intérêt règlent ta conduite à mon égard.

— Erreur de ta part, pauvre insensé! va, crois-moi, laisse-là tes sots scrupules et viens apprendre ce que j'exige de toi, dans tes propres intérêts.

— Soit! répond enfin Charles, imposant silence à sa haine et entraîné par la curiosité.

Un instant après et au grand étonnement des gens de l'auberge, le palfrenier suivait le voyageur dans une chambre, où après s'être enfermés tous deux, de Rinville, sur le refus de Charles, se mit seul à souper d'un grand appétit, tout en causant ainsi avec son compagnon.

— Je ne te demanderai pas, pauvre fou, ce que tu as fait depuis notre séparation, depuis ce jour enfin, où un coup de maladresse, un hasard heureux pour toi, te conserva la vie, dont j'allais te débarrasser, et m'étendit à peu près mort sur le parquet de ma chambre; non, je ne te demanderai rien, car cela se devine, et la preuve la voici : Muni des dix mille francs, provenant de la générosité de ta femme, plus encore, persuadé de m'avoir tué et poursuivi par la crainte de la justice, tu as fui hors de France. En sûreté dans quelque ville frontière, après avoir employé plusieurs jours à calmer ta fièvre brûlante et jalouse, tu n'as rien mieux trouvé à faire que de hanter les tripots, dans l'espoir de trouver dans dame fortune une compagne plus constante que la belle Lucia. Alors, la déesse a souri à tes avances, t'a comblé de ses dons et mis à même de mener brillante et joyeuse vie; puis après, l'infidèle, éprise d'un autre amant, ta retiré peu à peu ses faveurs, puis accablé de revers, alors est venu frapper à ta porte un beau matin, une cohorte de créanciers, d'huissiers, trainant à leur suite l'affreuse misère; divinité odieuse, mauvaise conseillère; de là, la honte, la fuite, puis ton retour vers la capitale de France où te ramenaient le désespoir, la faim, plus une trompeuse et vague espérance. Est-ce cela ? termine de Rinville en laissant échapper un sourire sardonique.

— Oui, le génie du mal dont tu es possédé, t'accorde à ce que je vois, le don de la devination, répond Charles en soupirant.

— En cas que ce même génie, à qui tu as peut-être sacrifié autant que moi, ne t'ait pas doué du même privilége; en deux mots, je veux te mettre de même au courant de mes aventures, reprend de Rinville; sache donc, qu'à peine relevé de la grave maladie qu'avait occasionnée la blessure dont tu me gratifias, en lâchant sur moi une arme à bout portant, qu'il fallut me défendre contre les attaques de la famille de ma chaste épouse, dont les prétentions n'étaient rien moins que de me ravir la modique fortune qui assurait alors mon existence; sache donc, qu'après un long procès, une défense vigoureuse, et le tribunal donnant droit à l'adultère épouse; je me suis vu dépouillé, ruiné de fond en comble, et qu'en ce jour, je serais aussi misérable que toi, si un hasard protecteur, les bénéfices d'une spéculation inespérée autant que hardie, n'étaient venus réparer mes pertes en partie. C'est donc en réjouissance de cet heureux événement, que j'ai quitté Paris, afin d'entreprendre un voyage d'agrément, voyage auquel, dès le premier jour, je suis redevable de notre singulière rencontre.

—Fort bien! mais abordons la question ce qui me concerne enfin; que voulez-vous de moi? dit Charles, après avoir écouté avec indifférence le récit du capitaine.

—Volontiers! prête-moi donc une oreille attentive. Tu es ruiné, Charles, et de plus, tombé dans un tel degré de misère, qu'il te faut perdre à jamais l'espoir d'un meilleur avenir. Quelques années encore dans l'ignoble condition où t'a jeté la misère et l'abrutissement, l'hôpital, deviennent ton partage... Eh bien, moi, qui fus ton ennemi acharné; moi, l'unique cause de ta perte, de tes malheurs; moi, qui me trouve assez vengé; j'offre de t'arracher à une honteuse position, de te refaire homme enfin, en te procurant un sort heureux et brillant...

— Est-ce possible encore? fait Charles

en laissant échapper un mouvement de joie.

— Très possible ! tout cela ne dépend que de ta volonté.

— Expliquez-vous !

— Soit ! répond de Rinville ; sache donc qu'il ne s'agit, pour te rendre riche et heureux, que d'avoir le courage, secondé par moi, d'enlever ta femme...

— Lucia !! s'écrie Charles.

— Oui, Lucia, riche héritière de son père et de sa mère, de sa mère, morte il y un an. Apprends donc, Charles, que ton épouse, belle, jeune et maîtresse de sa fortune, profitant de la liberté que tu lui as rendue, passe ses jours auprès d'Edouard Morisson, son amant, dans une charmante habitation dont elle a fait acquisition sur la route de Fontainebleau, dans un village appelé Viry-Châtillon ; que là, sa vie s'écoule dans les bras de ton rival, au sein des amours et du luxe, tandis que toi, son époux, tu uses ton corps par des travaux abjects autant que pénibles...

Charles ne répond point; mais un mouvement de rage trahit sa pensée.

— Ose donc punir celle dont le bonheur te brave et t'offense, dont les caresses, données à un autre, te couvrent de honte et de ridicule. Charles! crois-moi, cesse d'être le dernier des hommes, en ressaisissant par la force, des droits dont nulle puissance humaine ne peut te dépouiller! Brise le bonheur d'un rival odieux en lui arrachant celle dont Dieu et les lois t'ont rendu le seul maître. Que les caresses de cette femme soient désormais pour toi seul, que sa fortune devienne la tienne, et cela, après l'avoir arrachée à ses coupables amours et des bras de son amant, après l'avoir traînée sous un ciel étranger!..... Choisis maintenant, et dis si tu te sens le courage de changer le fumier de ton écurie contre des lambris dorés.

— Lucia! Lucia! toi, que tous les efforts n'ont pu me faire oublier! toi, dont je n'ai cessé de pleurer la perte, à qui, dans ce jour, je me sentirais heureux de tout pardonner; quoi, il me serait encore permis de te revoir, de jouir de ta divine possession. Hélas! un bonheur semblable serait-il permis? non, non, je ne puis le croire, et cet homme, ennemi de mon repos, ne vint ici me jeter cette espérance que pour me faire mieux sentir, après l'avoir déçue, tout l'excès du malheur où il m'a plongé!

Ainsi disait Charles, et un ruisseau de larmes coulaient de sa paupière.

— Comment, tu doutes encore; qu'est donc devenu chez toi cet excès de crédulité qui jadis te rendit si souple à mes volontés? fait le capitaine avec ironie.

— De Rinville, raille tant qu'il te plaira, mais je ne puis croire à la sincérité de tes paroles, au bien que tu prétends me faire, enfin ! à l'intérêt que tu feins de me témoigner en ce moment. Avoue que l'offre de service que tu m'adresses, cache encore de ta part quelque ruse infernale; dis que tu ne me trouves point encore assez avili, que tu rumines dans ta noire cervelle un degré de plus d'ignominie pour ta misérable victime.

— Pauvre fou! fait de Rinville en haussant les épaules.

— Parle, parle donc, mais avec franchise, une seule fois dans ta vie, si cela est possible; réponds, de Rinville, qu'exiges-tu pour le service que tu dis vouloir me rendre, quel intérêt personnel espères-tu en retirer, reprend Charles avec feu.

— Comme je viens de te l'apprendre, ma fortune du moment est moins que suffisante à mes goûts ; eh bien ! j'espère qu'en t'aidant à reprendre ton épouse, que tu feras le partage de sa fortune.

— Moitié de ses biens ! répond le jeune homme avec surprise.

— Oui, une moitié pour toi et Lucia, l'autre pour de Rinville, ce qui nous assurera à chacun cent mille francs comptant.

— Mais, quoi vous assure que Lucia consente à réaliser son bien après la violence dont nous l'aurons rendu victime ?

— Quoi ? notre volonté, répond froidement le capitaine.

— Je vous comprends, des tortures, des nouvelles violences, afin de la rendre docile et lui arracher son bien. Non, non ! je n'en aurai jamais la force.

— Qui te parle d'employer la rigueur? Ne sais-tu combien cette femme est faible, craintive ; ne sens-tu pas qu'une fois loin de son amant, loin de son pays et en notre pouvoir, combien il nous sera facile de disposer de sa volonté? Allons, consens-tu? hâte-toi, car le temps presse.

Charles hésite, réfléchit ; mais pressé encore plus par de Rinville, séduit par le nouveau tableau d'un avenir de fortune et de plaisir, plus encore, excité par la jalousie que fait naître en son ame le récit des amours d'Edouard avec Lucia ; Charles donc fléchit et finit par céder aux conseils du capitaine.

De Rinville se charge de pourvoir à tous les frais que va nécessiter l'entreprise, lui et Charles vont aller tout de suite à Paris, afin de s'y procurer une chaise de poste et autres objets nécessaires ; puis il se rendront à Viry-Châtillon, où, cachés dans une auberge, ils attendront le moment propice pour tenter l'enlèvement.

Ce plan arrêté, Charles prend congé de son maître, soi-disant pour entrer au service du capitaine. Une heure après, et malgré les efforts de l'aubergiste, le surcroît de gage que lui offrait ce dernier, afin de le retenir, le jeune homme, ayant profité du passage de la première voiture, roulait vers Paris où de Rinville, parti à cheval un instant avant, lui avait donné rendez-vous.

CHAPITRE VIII.

L'ENLÈVEMENT.

A quelque distance du joli village nommé Viry-Châtillon, et dans une délicieuse maison d'été, se célébrait, un soir, la fête de la jeune maîtresse de ce séjour champêtre; la chaleur d'une belle nuit du mois d'août, la pureté du ciel, permettaient aux conviés de cette fête charmante d'étendre les quadrilles de la danse du salon au jardin, où, des guirlandes de feu de diverses couleurs, fixées d'arbre en arbre, remplaçaient les rayons du jour.

La dixième heure du soir venait de tinter ; un quadrille se terminait, les danseurs se dispersaient dans le salon, dans le jardin ; parmi ces cavaliers, un seul, tenant sous son bras celui d'une jeune et jolie femme, s'écarta à l'improviste des avenues illuminées, pour s'enfoncer avec sa gentille compagne sous un couvert obscur et désert, et, parvenus à l'extrémité, loin du bruit et des indiscrets, tous deux se placent sur un banc ; alors, le bras du jeune homme se glisse autour d'une taille svelte et gracieuse, sa main serre avec tendresse une main douce et potelée, dont la tendre pression répond bientôt à celle qui la tient captive. Puis, le bruit d'un baiser, puis une voix douce qui murmure bas, tout bas, puis un instant de silence qu'interrompt seul un tendre soupir.

— Mon Edouard, que je te sais gré de ton aimable surprise, que la fête que tu me donnes cette nuit est gracieuse ! Oh ! tu es bien aimable de t'être rappelé que c'était aujourd'hui l'anniversaire de la naissance de ta Lucia, fait enfin entendre la jeune femme.

— Lucia, chère Lucia, que ta joie me fait du bien, combien je suis fier de te voir heureuse et souriante ; oh ! puisse l'avenir ne te promettre que bonheur et plaisir ! répond Edouard en pressant la jeune femme sur son sein.

— Près de toi, sans cesse dans tes bras, je brave le malheur, mon Edouard ; mais garde-toi de t'éloigner, car alors je suis triste, craintive, et de pénibles souvenirs viennent déchirer mon cœur, alarmer mon ame.

— Te quitter, oh! jamais, toujours, toujours près de ma Lucia.

— Cependant, demain, tu vas encore me laisser seule; Edouard, que d'ennuis je vais éprouver!

— Demain, oui, des affaires importantes m'appellent à Paris; mais le soir me verra de retour près de toi.

— Permets que je t'accompagne, demande Lucia d'une voix caressante.

— Pourquoi te fatiguer inutilement, et vouloir quitter cette belle campagne, cet air pur et enbaumé pour me suivre dans les mille détours de la ville? Demeure, Lucia, crois-moi, et je te promets un prompt retour.

— Tu l'exiges, je resterai, Edouard.

Et le jeune homme de payer cette résignation d'un tendre baiser.

Ils quittent le banc, et après quelques tours dans les allées solitaires, tous deux reparaissent dans la fête et prennent part à la danse.

— Une grande nouvelle! s'écrie Briolet présent à la fête, venant d'un bond tomber au bras d'Edouard.

— Laquelle, s'il vous plaît? s'informe Morisson en souriant au jeune homme.

— Lolotte, l'infortunée Lolotte, a été volée, il y a cinq jours, d'une somme de cinquante mille francs, formant à peu près la totalité de sa fortune.

— Quel malheur! exclame Edouard; puis, reprenant, connaît-elle l'auteur de ce vol?

— Parfaitement, vous aussi, enfin nous

le connaissons tous, répond Briolet.

— Son nom?

— De Rinville!

— Est-il possible?

— Lui-même, qui, profitant de l'absence de Lolotte, après avoir éloigné la femme de chambre, a forcé le secrétaire et s'est emparé d'une liasse de billets de banque que notre jeune fille avait la veille rapporté du trésor, afin de solder l'acquisition d'une petite propriété.

— Cet homme n'a point été arrêté?

— Non, on le cherche, voilà tout; mais le gaillard a de bonnes jambes, bon coureur qui l'attrapera.

— Ainsi donc! Lolotte ne possède plus rien?

— Que des charmes très tentateurs qui déjà lui ont valu une fortune première et qui l'aideront à en gagner une seconde, répond Briolet en souriant avec malice.

— Briolet, il faut parer à la perte de cette femme, dit Edouard vivement.

— Ah! et comment cela ?

— En lui assurant un sort heureux et indépendant, qui l'empêche de se livrer à un vice honteux, où ne manquerait pas de l'entraîner la misère.

— Fort bien ! mais le bonheur et l'indépendance ne s'acquièrent qu'avec de l'argent, répond le cousin.

— C'est aussi pourquoi je vous charge d'aller offrir à Lolotte, deux mille francs de revenu, de la part de Lucia.

— Superbe ! vous m'avouerez, mon cher Édouard, que voilà une bien noble manière de se venger des mauvais tours, que ce démon femelle vous a joué à l'un et à l'autre.

— Faites ce dont je vous prie, Briolet.

— Sans doute! je n'y manquerai pas, quoique blâmant fort votre extrême bonté pour un ennemi commun.

— Hélas! l'amour seul l'a rendu coupable envers Lucia et moi, dit Édouard avec bonté.

— Ah ça, c'est vrai, qu'elle en tenait terriblement pour vous, mon cher Morisson; aussi, si vous saviez combien votre rigueur la fait souffrir, combien la pauvre fille est changée, en vérité! cela vous ferait pitié en la voyant.

— Alors, ne me blâmez donc pas de ce que je cherche à réparer le mal que je lui ai fait endurer involontairement.

— Dam! l'amour ne se commande pas, et

pourquoi Lolotte n'a-t-elle su vous l'inspirer.

Au surplus, continue Briolet, cette passion malheureuse de la pauvre fille, pour votre personne, lui aura toujours valu quelque chose de bon...

— Comment cela? s'informe Morisson.

— Sûrement! une demi-conversion, car malgré les épithètes que je me permettais de lancer tout-à-l'heure sur sa personne, je puis vous assurer que Lolotte, depuis un an, n'a cessé de mener une conduite exemplaire, tellement édifiante; enfin, que je n'ai pu m'empêcher de lui pardonner le mauvais tour qu'elle m'a joué, en me donnant pour future épouse, et pour une vertu du premier ordre, cette madame Saint-Léger, intrigante, à qui je suis redevable d'une horrible réduction dans mon budget.

— Vous avez bien fait, Briolet, car, à tous péchés miséricorde.

— De quoi causez-vous ainsi depuis si long-temps? vient en folâtrant s'informer Lucia.

— De vos charmes sans nombre, de vos bonnes qualités, cousine, répond Briolet.

— Et d'autres choses encore, dont je vous instruirai plus tard, ma chère Lucia ; pour le moment permettez-moi de ne m'occuper autre que du plaisir de danser avec vous le quadrille, dont l'orchestre en ce moment donne le joyeux signal.

Et les deux amans courent à la danse, puis, Briolet, afin de les imiter, s'empresse d'aller choisir, parmi un rang de dames, une danseuse d'un âge raisonnable, dans l'espoir de mettre la main sur une veuve. Le jour, avec lui cesse les danses et les ris. La foule s'écoule, les salons deviennent déserts et silencieux. Sept heures du matin, et Briolet qui doit retourner à Paris, en société avec Edouard, se jete hors du lit sur lequel il vient de se reposer quelques instans, pour courir éveiller son compagnon de route et lui annoncer l'heure du départ. Le cheval est attelé, le cabriolet attend dans la cour les deux voyageurs.

— Adieu, Lucia, à ce soir avant la nuit, fait entendre Édouard au moment de se séparer de la jeune femme.

— Au revoir, cousine, dit aussi Briolet.

— Quoi! ne voulez-vous pas, messieurs, que pour ma promenade du matin, je vous accompagne jusqu'au bas de la côte? Cette demande de Lucia est reçue avec acclamation par les deux jeunes gens, et ils se mettent en route suivis du cabriolet.

Un petit quart de lieue, et Morisson invite Lucia à ne point venir plus loin, car le soleil darde fort... Encore des adieux, l'assurance d'un prompt retour, puis, le cabriolet s'éloigne, et Lucia, après l'avoir suivi un instant des yeux, reprend, triste et solitaire, le chemin de la maison. La jeune femme avait franchi la moitié de la route, lorsque passant près d'un buisson, un mouchoir vient se placer sur sa bouche, un autre sur ses yeux, et paralyser par ce moyen ses cris et sa vue. Elle veut arracher ces bandeaux, et deux mains de fer compriment aussitôt ses mouvemens; en vain, essaie-t-elle de résister à cette indigne violence; car, enlevée de terre, elle se sent emportée avec rapidité, puis ensuite déposée dans une voiture où deux personnes se placent à ses côtés. Un grand jour et une nuit entière ont dû s'écouler depuis que roule, avec rapidité, la voiture qui entraîne Lucia, Lucia qui, dévorée d'inquiétude, de besoin, qui peut à peine respirer, et ignore encore en quelles mains l'a jeté ce funeste événement.

— Lucia, fait enfin entendre une voix

que l'infortunée jeune femme reconnaît en frémissant, pour être celle de son mari, Lucia, reconnais ton époux en celui qui par un droit légitime, vient de t'arracher à de coupables amours ; Lucia, tu m'appartiens, et je ne pouvais plus long-temps vivre éloigné de toi. Consens à me suivre, à passer ton existence auprès de moi, et je te pardonne ton adultère et tes liens vont tomber à l'instant. Oui, pardonne à mes anciennes erreurs, rends-moi ton cœur, les droits que tu m'as ravis, et je jure de consacrer ma vie à embellir la tienne. Cela dit, et n'apercevant aucun signe de la part de Lucia, ne remarquant en elle qu'une immobilité effrayante, Charles, aidé par de Rinville, arrache les bandeaux qui couvrent le visage de l'infortunée, et la trouve presque sans vie.

— Du secours, car elle se meurt ! s'écrie Charles.

— Soit, laissons-la respirer, nul danger ne nous menace, car nous sommes sur une route isolée, répond froidement de Rinville, après avoir baissé la glace d'une portière et jeté un regard au dehors.

Des sels, quelques gouttes d'une liqueur bienfaisante, et Lucia rendue à la vie, pousse un soupir pénible, entr'ouvre la paupière et apercevant Charles et de Rinville, la referme aussitôt en manifestant un mouvement de crainte. Alors, les yeux de la jeune femme versent un torrent de larmes, et de douloureux sanglots s'échappent de son sein.

—Calmez ce désespoir, ces craintes, charmante Lucia, et ne voyez en nous que deux galans chevaliers tout disposés à vous rendre l'existence libre et heureuse, si indulgente à leur égard vous daignez oublier la petite violence qu'a nécessité de leur part la possession de votre gracieuse personne, fait entendre de Rinville.

— Infâme ! osez-vous bien commettre une telle action ! qu'exigez-vous de moi ? quels sont donc vos affreux desseins ?

— Les plus pacifiques du monde de la part de votre époux, seul maître en cette circonstance, ma toute belle. Oui, Charles, toujours épris de vos charmes, inconsolable de la perte d'une épouse adorée, vous enlève en ce jour, afin d'aller hors de France goûter avec la femme qu'il aime de longs instans de paix et d'amour.

— Le lâche ! exclame Lucia en jetant sur Charles un regard où se peignent le dégoût et le mépris.

— N'accusez que l'amour de tant d'abnégation, madame, et pénétrée du repentir de votre époux, convaincue de son attachement à votre personne, que le pardon s'échappe de votre bouche, et que la concorde règne désormais au sein de votre heureux ménage, fait de nouveau entendre le capitaine.

— Vivre avec un tel homme, oh! jamais.

— Lucia, au nom du ciel!... dit Charles, rompant enfin un silence où l'a plongé l'humiliation.

— Laissez-moi, monsieur, je ne veux rien entendre. Mais si vous n'êtes pas le plus misérable des hommes, rendez-moi tout de suite la liberté, gardez-vous de retenir plus long-temps par la force une femme qui désormais ne peut vivre près de vous, ni supporter votre présence odieuse.

— Ah! c'en est trop! assez m'humilier, madame; oubliez-vous que je suis votre époux?

— Charles, vous oubliez vous-même que

les lois ont brisé vos droits sur ma personne?

— C'est à vous à me les rendre, et je saurai vous y contraindre, répond Charles avec fureur.

— Plutôt la mort, que de lier de nouveau mon sort au plus indigne des hommes.

— Vaine menace, madame; je saurai lasser votre obstination.

— Mon Dieu! mon Dieu! ne puis-je donc espérer de secours de personne! s'écrie Lucia au désespoir, en essayant de lever le store que de Rinville a rebaissé et dont il empêche l'approche à l'infortunée.

— Misérables, où me conduisez-vous? répondez, répondez!

— Du calme, du calme, ma toute belle. Allons, soyez donc raisonnable, fait entendre de Rinville en souriant et essayant de s'emparer de la main de Lucia, que celle-ci retire avec horreur.

— Charles, pitié, de grâce; ah! ne mettez pas le comble à vos indignités, en usant de violence envers une faible femme! Rendez-moi la liberté, et j'oublierai votre conduite déloyale; votre souvenir cessera d'être pour moi un sujet d'horreur; laissez-moi libre, et si le désir de l'or vous fit entreprendre cette action, eh! bien, je satisferai votre ambition... Quoi, rien ne peut vous fléchir, vous restez sourd à mes prières, à mes larmes, insensible à l'affreux désespoir d'une infortunée! Oh! mon Dieu! que faire, que devenir! Et prononçant ces mots, la tête perdue, Lucia, réunissant le peu de force qui lui restait, se précipite spontanément sur une des glaces de la voiture, qu'elle brise en morceaux; et le visage ensanglanté par le sang qui s'échappe de la blessure qu'elle vient de se faire à la tête, le buste hors de la portière, l'infortunée appelle du secours à grands cris tout en essayant de s'élancer sur le pavé. En ce moment, la voiture, entrée dans un village, s'arrêtait à la poste aux chevaux. Les cris de cette femme ensanglantée assemblent aussitôt grand nombre de personnes autour de la chaise de poste.

— Secourez-moi, sauvez-moi des mains de deux misérables, protégez-moi contre leur infâme violence! s'écriait Lucia en résistant de toutes ses forces contre les efforts de Charles et de de Rinville, qui tous deux cherchaient à l'arracher de la portière.

Alors grande rumeur parmi les habitans; on veut savoir quelle est cette femme; en vain le capitaine crie-t-il au postillon de partir au galop : la foule se jette au-devant des chevaux et les dételle.

— Au nom du roi, ouvrez cette portière, fait entendre le maire en sabots, escorté du garde-champêtre, en s'adressant à Charles qu'il aperçoit dans la voiture.

— Impossible, monsieur, cette femme est folle et pourrait nous échapper, répond de Rinville.

— C'est un imposteur! ah! ne le croyez pas, monsieur, et daignez m'entendre! s'écrie Lucia en joignant les mains et s'adressant à l'officier municipal.

— Je vous assure, monsieur, que cette femme, qui est la mienne, est en pleine démence; gardez-vous d'ajouter foi à ses paroles, car il y aurait imprudence à la laisser libre un seul instant.

— Donnez les preuves comme quoi cette femme est votre épouse, que vous avez des droits sur elle.

— Rien de plus facile, répond Charles au maire, en atteignant de son portefeuille, l'acte civil de son mariage avec Lucia.

— Êtes-vous réellement Lucia Bernard, l'épouse de monsieur? demande le maire à la jeune femme, après avoir parcouru l'acte.

— Hélas! oui, soupire Lucia.

— Cela suffit, messieurs, partez si telle est votre volonté.

Et Lucia, en voyant le maire s'éloigner, pousse un cri déchirant, essaie à faire entendre sa voix, que Charles s'empresse de couvrir en lui fermant la bouche, et ordonnant au postillon de partir au galop. Alors, les chevaux entraînent la chaise avec rapidité, et les enfans du pays de la poursuivre en criant à tue-tête :

— A la folle! à la folle!

Anéantie, sans force, la pauvre Lucia à moitié mourante, s'abandonne à sa funeste destinée, retenue dans le fond de la voiture, comprimée entre ses deux ravisseurs, elle se laisse emporter sans plus de résistance, sans opposer une parole aux reproches amers, aux menaces dont l'accable son époux. Le voyage se continue sans autre alerte, grâce au soin que prend de Rinville de surveiller et contenir Lucia à chaque relai de poste, plus, en ce que les vivres, dont ils se sont munis avant de se mettre en route, les dispensent de toute halte dans les auberges. Mais, où donc Charles et de Rinville conduisent-ils leur infortunée victime? A Genève! oui, à Genève, où ils arrivent en peu de tems, grâce à un voyage fatigant et rapide. C'est dans un des faubourgs de la ville, dans une maison isolée, que de Rinville a fixé leur domicile, où, lui et Charles introduisent Lucia, faible et souffrante, où ils enferment la malheureuse, après l'avoir déposée sur un lit, presque privés de connaissance.

CHAPITRE IX.

LES CHEVALIERS D'INDUSTRIE.

Plus d'un mois s'est écoulé depuis ces derniers événemens, et tout ce temps s'est passé pour Lucia sur le lit de souffrance où l'a retenue une longue et cruelle maladie. Charles et de Rinville, sans cesse absens du logis, ont confié l'infortunée à la garde, aux soins mercenaires d'une vieille femme, brusque et silencieuse créature dont le dévoûment a été payé au poids de l'or.

Quant à l'Esculape chargé de suivre et guérir la malade, il a cessé de reparaître au chevet de Lucia, dès l'instant que la jeune femme a recouvré la raison et pu prononcer une parole.

Un soir, la vieille garde était absente, et Lucia, fatiguée par quelques pas essayés dans la chambre, venait de se jeter sur son lit, lorsque Charles, par son arrivée inattendue, vint troubler la rêverie où elle s'était plongée insensiblement.

— Pourquoi ce mouvement de frayeur à mon approche, Lucia? suis-je donc toujours un objet d'horreur à vos yeux, fait entendre l'époux d'une voix douce, en venant s'asseoir près de sa femme dont les yeux en cet instant étaient noyés par les larmes; vous pleurez, reprend Charles sur le même ton, hélas! votre douleur n'aura-t-elle jamais de fin? est-ce donc pour vous une tâche bien horrible que celle de vivre près de moi? Lucia, tu m'aimais jadis, avant qu'un perfide ami, l'indigne Edouard, ne me privât de ton cœur; alors tu étais pour mes fautes toute pleine d'indulgence et maintenant, plus rien pour moi que ta haine et ton mépris. Ah! si ton cœur daignait une fois encore s'ouvrir pour ton malheureux époux, si tu daignais oublier ses erreurs comme il veut oublier les tiennes, que d'heureux jours nous seraient réservés! oh! crois-moi, pardonne, ma Lucia, et loin de la France, loin des témoins de nos discordes, vivons encore pour nous aimer.

— Cessez ce vain langage, monsieur, car entre nous, il n'est plus d'union ni de bonheur possibles. Gardez-vous donc d'avilir plus encore votre dignité d'homme, en continuant d'implorer le pardon et la possession d'une femme qui, libre de votre dépendance, s'est de corps et d'ame donnée toute entière à un autre. Songez, monsieur, qu'après un semblable aveu, une plus longue persévérance à vouloir reconquérir ce que jadis je ressentais pour vous, serait de votre part une lâcheté impardonable.

— Quoi, rien ! rien ! pas un seul élan de pitié en faveur de mon repentir; Lucia, veux-tu donc me contraindre dans un coupable désespoir à emprisonner ton existence, à user inhumainement du pouvoir que la ruse et le rapt m'ont donné sur ta personne? car, songes-y bien, Lucia, je ne serai pas assez fou pour te laisser échapper de mes mains; près de moi, toujours près de moi, ta vie s'écoulera dans la tristesse et le dégoût, jusqu'à ce que tu m'aies réintégré dans mes droits d'époux, jusqu'à ce que soit devenue commune entre nous la fortune dont tu jouis en ce jour.

— N'y comptez pas, monsieur ; abrégez ma vie par les tourmens, par une injuste et éternelle captivité, si telle est votre odieuse intention ; car jamais, je ne consentirai à reprendre pour maître celui qui s'est fait l'ami, le complice, d'un de Rinville, de l'homme à qui il est redevable de sa perte, de son déshonneur, celui qui, sous un faux semblant de repentir et d'amour, n'ambitionne que ma fortune, afin de courir ensuite la compromettre sur le tapis d'une maison de jeu. Non, Charles, plus de partage entre nous, plus rien que la pension viagère que je vous fis offrir lors de notre séparation, et que je vous promets encore en ce jour en échange de ma liberté, fait entendre Lucia avec fermeté.

—Oui, je comprends, madame, l'aumône, un morceau de pain à votre mari ; et pour vous le luxe, les plaisirs, l'amour dans les bras de votre amant. Merci, Lucia, merci ! car je suis plus ambitieux, c'est ta personne, tes carresses ou ta fortune qu'il me faut en échange de ton mépris.

— Vous me faites pitié !! interrompt la jeune femme en détournant la tête de dégoût.

Alors Charles sent le rouge lui monter au visage ; la fureur s'allume dans son ame, et de ses mains crispées il froisse avec force la couverture du lit.

— Ainsi donc, de ta part, nulle concession ce soir ? fait-il entendre. Et Lucia garde le silence ; puis l'époux reprend en ces termes, après s'être relevé brusquement de dessus sa chaise.

— Lucia, crains de me pousser à bout, cède, te dis-je, car il me faut obtenir absolument ce que j'exige de toi, enfin, qu'avant peu ta main ait signé l'acte qui m'autorisera à disposer de tes biens; il le faut, entends-tu. Cela dit avec fureur, Charles s'éloigne avec précipitation et rencontre de Rinville dans la pièce voisine.

— J'ai tout entendu, mon cher, recevez mon compliment, car vous vous êtes conduit en homme de caractère. Bien! très bien! effrayez-la de plus en plus et nous finirons par obtenir, dit le capitaine en passant son bras sous celui de Charles, et l'entraînant au dehors non sans avoir eu grand soin de fermer exactement les portes.

— Ah! vous ne sauriez croire, de Rinville, combien il a fallu me violenter pour agir envers elle avec une telle dureté, non, je ne me sens pas le courage de pousser plus loin cette odieuse rigueur.

— Hum! mon cher, n'allez pas mollir au moment où la fermeté vous devient des plus nécessaire pour accomplir l'œuvre. Songez à notre position critique, songez que depuis un mois que nous habitons Genève, la roulette n'a pas cessé de nous être fatale, enfin, que nous en sommes à notre dernier rouleau. De la fermeté donc, car il serait trop sot à nous de végéter piteusement, lorsque la signature d'une femmelette peut nous procurer un sort des plus heureux.

— Je doute qu'elle nous la donne jamais, répond Charles.

— Quoi, deux hommes affamés ainsi que nous, ne viendraient pas à bout de dompter l'obstination d'une aussi faible créature! ce serait en vérité à en mourir de honte et de dépit. Charles, laissez-moi à mon tour entretenir Lucia, et je vous promets qu'après avoir déployé près d'elle toute ma rhétorique je vous la rendrai plus souple qu'un gant.

—Faites donc! mais, capitaine, point de violence surtout!

— Reposez-vous sur ma galanterie près du sexe. Avant cet entretien avec votre femme, continue de Rinville, il serait utile que nous fassions dresser chez le premier notaire, l'acte qui doit nous autoriser à réaliser ses biens, de manière que notre jolie captive n'aie plus qu'à le signer, ce à quoi je me fais fort de l'amener dès demain.

—Puissiez-vous réussir! quant à ce soir hâtons-nous, car il est l'heure de nous rendre à l'invitation pour la soirée que nous a fait hier ce gros négociant genevois, répond Charles.

— Où l'on doit, dit-on, jouer un jeu d'enfer, où nous devons pour la première fois mettre en pratique notre nouvelle méthode, celle de l'escroc du grand monde enfin!

— Oui, tricher, nous communiquer par des signes convenus le jeu de notre adversaire. Ce moyen est infâme, de Rinville, et je tremble déjà rien qu'à l'idée de nous en servir.

— Pauvre niais! quoi, des scrupules! ignorez-vous donc, comme dit Bazile, que le bien des sots est le patrimoine des gens d'esprit? Eh! mon cher, l'adresse seule maintenant tient lieu de probité; de plus qui ne triche pas dans ce monde? depuis le ministre jusqu'au banquier, du banquier au négociant, du négociant au marchand en détail. Oui, le monde est rempli de tricheurs de tous les rangs, de toutes les classes, il n'y a même pas jusqu'aux femmes qui ne s'en mêlent, et ne nous trichent en fait d'amour et de fidélité. Suivons donc le torrent, et puisque du jeu nous avons jusqu'alors fait notre unique ressource, sachons le conduire avec adresse et forcer les bénéfices. Charles, le faible Charles ne trouve rien à répondre à ces conseils dangereux, suit en silence de Rinville à l'appartement qu'ils occupent dans l'intérieur de la ville, lorsque l'heure avancée les empêche de retourner à la maison du faubourg. Là, quelques instans pour leur toilette, et tous deux se dirigent vers le lieu de la fête, où ils sont conviés; et d'où, cinq heures plus tard, Charles et de Rinville se retiraient le sourire sur les lèvres et les poches gorgées d'or.

Le jour qui suivit trouva encore Lucia tristement penchée sur sa couche, Lucia, dont le sommeil avait fui la paupière, pour faire place à des larmes continuelles.

— Hélas! n'est-il donc nul moyen de fuir de ces lieux, d'instruire mes amis de mon infortune? Et pensant ainsi, la jeune femme s'étant glissée de son lit, se traînait vers la seule fenêtre qui éclairait sa prison, fenêtre garnie de larges barreaux de fer et donnant sur un vaste terrain, où, depuis sa captivité, elle n'avait encore aperçu âme qui vive.

— Rien, nulle possibilité de ce côté, murmure-t-elle en soupirant et se dirigeant vers la porte dont elle essaie vainement d'ébranler l'énorme serrure.

Un bruit de pas, qui se fait en ce moment entendre à l'extérieur, contraint alors Lucia à s'éloigner tremblante, à se jeter sur un siége, où, entendant ouvrir la porte, elle ferme les yeux de crainte et de faiblesse.

— Bonjour à notre belle captive, fait entendre de Rinville, en entrant d'un ton délibéré et venant s'asseoir près de Lucia.

— Que voulez-vous, monsieur ? qui vous permet de vous présenter devant moi, sans daigner au moins m'en faire prévenir, sans vous informer si je suis en état de vous recevoir.

— Il est midi, ma toute belle; or donc, j'ai pensé pouvoir me présenter chez vous, à cette heure, sans blesser en rien les convenances. Quant à ce qui m'amène, c'est une bien douce mission, dont je me suis chargé avec joie en qualité de votre meilleur ami, et du plus zélé admirateur de vos charmes infinis.

— Au fait! monsieur, de quoi s'agit-il? demande Lucia avec fierté.

— De conclure entre vous et votre époux une paix complète, de recouvrer votre douce liberté, et devenir enfin maîtresse entière de vos actions comme de votre cœur.

— Sans doute, monsieur, que ces avantages, que vous ne m'avez ravis que par la plus affreuse des trahisons, ne me sont offerts par vous en ce moment qu'aux mêmes conditions que m'imposait hier Charles, votre digne complice?

— J'ignore, belle Lucia, ce qu'exigeait hier votre époux ; mais le prix qu'il met aujourd'hui à votre liberté complète, n'est autre que la simple bagatelle d'apposer votre signature au bas de ce papier, en ayant soin d'y joindre l'approbation de l'écriture ci-dessus.

Alors Lucia prend avec froideur le papier des mains du capitaine; puis, après avoir jeté un coup-d'œil sur son contenu, répond :

— Cette fortune, tant convoitée par votre indigne ami; cette fortune, que lui et vous, monsieur, espérez m'arracher par la torture, j'en fais, je vous jure, le moins de cas possible et l'abandonnerait, sans regret, si en ce jour elle devait être la récompense d'une noble et vertueuse conduite ; mais, comme en vous la sacrifiant ce serait enrichir le vice, n'espérez pas que j'y consente.

Et cela dit, Lucia déchire l'acte en morceaux qu'elle jette à ses pieds.

Alors, de Rinville, animé d'une rage subite, s'empare avec violence du bras de la jeune femme et le comprime avec force, en fixant sur elle un regard furieux.

— Lucia ! s'écrie-t-il, à demain donc votre signature, ou dans peu l'espace des mers entre vous et votre Édouard ; indocile à la volonté d'un époux, nul espoir de bonheur ni d'amour ne doit vous rester; les Indes deviendront votre nouvelle patrie; là, vous attend une vie de fatigues, de douleur et de privations; là, après avoir fait circuler en France le bruit de votre mort, vous parviendra, par mes soins, celui de l'union de votre amant avec une autre femme. Lucia, réfléchissez, car ce ne sont point de vaines menaces que ma voix vous fait entendre en ce moment, demain, l'abandon de vos biens, ou dans huit jours, le navire qui doit vous emporter loin de vos amis et de votre pays.

Nulle réponse de la part de Lucia ; mais un calme désespérant pour de Rinville, qui, après de nouvelles menaces, s'éloigne rempli de fureur, après avoir annoncé sa funeste visite pour le lendemain. Restée seule, Lucia, que son courage abandonne aussitôt, se livre à tout l'excès de son désespoir. C'est la mort, que l'infortunée appelle à son aide, la mort qu'elle espère se procurer bientôt en refusant à son corps toute espèce de nourriture. Hélas! pourquoi ce funeste projet? parce qu'elle n'espère nul secours, parce qu'elle se croit pour la vie, séparée de celui qu'elle aime et sous l'odieuse domination de son coupable époux.

Les yeux de Lucia se lèvent vers le ciel, séjour d'un Dieu bon et juste. A cet aspect, une lueur d'espérance descend dans son cœur, Lucia tombe à genoux et prie long-temps avec ferveur; alors, le maître du monde, qui entend et reçoit sa prière, conduit les regards de l'infortunée sur les débris de l'acte gisant sur le parquet. Une moitié de ce papier est restée intacte, les lignes qui la couvrent sont peu nombreuses et laissent assez de blanc pour y tracer quelques mots. Inspirée par le ciel, Lucia s'empare de ce papier, se fait une plume du débris d'une allumette, se pique le bras avec la pointe d'une épingle, et de son sang, trace ces mots qu'elle adresse à Édouard :

« Enlevée par mon indigne époux et son
» complice de Rinville, conduite à Genève
» par ces deux hommes, je passe mes jours
» dans la frayeur et les larmes, au fond
» d'une chambre où je suis retenue prison-

» nière. Hâtez-vous, mon Edouard, d'ac-
» courir au secours de votre malheureuse
» Lucia, si vous ne voulez qu'elle expire
» bientôt sous les tortures de ses bour-
» reaux. Venez, les lois vous seconde-
» ront. »

Cet écrit terminé, ainsi que la suscription apposée, la jeune femme le place précieusement dans son sein après avoir ajouté ces mots sur l'enveloppe : « Celui qui trouvera cette lettre obligera une infortunée, en la jetant aussitôt à la poste. »

De Rinville, en quittant Lucia, s'est empressé de rejoindre Charles et de lui faire part du peu de succès de sa mission et pour l'engager à retourner chez le garde-notes, faire dresser un second acte dont il se fait fort de tirer un meilleur parti que du premier, qu'il a sottement confié aux mains de la jeune femme. Mais la démarche chez le notaire est remise au jour suivant, car il s'agit, pour nos deux intrigans, de se rendre à l'instant même en certain tripot que les gens dupés par eux, la veille, leur ont indiqué comme un lieu propice à une revanche.

Ce fut donc dans ce lieu que se présentèrent Charles et de Rinville, alléchés tous deux par l'appât d'un gain considérable que leur promettait leur coupable déloyauté.

Une salle immense qu'encombrent une foule de joueurs, des tables de jeu. De Rinville se place vis-à-vis le partner à qui, la veille, il a gagné 77 louis d'or. Charles jouera plus tard, et pour l'instant il se contente de rester spectateur de la partie du capitaine, à qui, par des gestes convenus, il dévoile en entier le jeu de son adversaire. De Rinville gagne, ruine son homme, puis change d'emploi avec son complice, qui non moins heureux que lui, voit l'or s'amonceler dans ses poches.

— Le bonheur de ces deux hommes est vraiment incroyable, murmure-t-on de toutes parts.

Et la méfiance de naître aussitôt.

— Epions-les, car il est peu naturel de les voir sans cesse jouer l'un après l'autre.

— Ce sont deux compères qui s'entendent, méfions-nous.

— Si j'en étais certain, je leur ferais vider à l'instant les poches.

— Et moi restituer ce qu'ils m'ont gagné depuis hier.

— Commençons par les faire jouer l'un en même temps que l'autre.

Et cela dit, de Rinville, spectateur de la

partie que fait Charles en ce moment, reçoit l'offre d'une revanche qu'il n'accepte, dit-il, que lorsque son ami, à la partie de qui il s'intéresse, aura perdu ou gagné. Soit! Quelques instans encore, et Charles quitte sa place les mains pleines de pièces d'or.

— Je suis à vos ordres, monsieur, fait entendre de Rinville en s'adressant à celui qui vient de le provoquer.

Et Charles, à son poste, la partie commence.

Tous les yeux sont fixés sur les deux compères, ceux de de Rinville sont surpris épiant les signes que fait Charles. Alors, grande rumeur, ordre formelle à ce dernier de quitter la place, puis, les épithètes de fripons, d'escrocs, qui sortent de chaque bouche, puis de Rinville qui s'emporte, et demande raison de ces insultes, en jetant les cartes au nez des assistans et en leur portant un défi général.

Alors les joueurs de vouloir tomber en masse sur les deux coupables, mais de Rinville et Charles s'emparent chacun d'une chaise et s'en font une arme, qu'ils brandissent autour d'eux.

— Rendez l'argent! leur crie l'ennemi qui, sur leur refus, les attaque, les pousse, les terrasse, et s'empare de tout l'or qu'ils ont dans leurs poches.

Charles et de Rinville, au comble de la fureur, loin de se rendre à l'ordre qu'ils reçoivent de s'éloigner au plus vite, recommencent une lutte inégale, font voler les chaises et les tables à la tête de chacun, brisent les vitres, les meubles, et par ce fracas épouvantable, jettent l'alarme dans le quartier, attirent la force-armée, qui, pénétrant dans le tripot, fait main-basse sur tous ceux qu'elle y rencontre et les conduit en prison.

Quelques-uns, cependant, sont parvenus à s'échapper et dans ce nombre se trouvent de Rinville et Charles, qui, voyant entrer la garde, ont sauté par la fenêtre, dans une petite ruelle, et de là se sont perdus dans la ville.

CHAPITRE XI.

LES CHEVALIERS ERRANS.

Quel coup mortel ne reçut pas Edouard, lorsque de retour à Viry-Châtillon, le soir, avec Briolet, il apprit que Lucia n'avait pas reparu depuis la matinée. Que signifiait cette longue absence, quoi pouvait en être la cause! Oh! ciel, lui serait-il arrivé quelque malheur? Et le jeune homme se désespére et le cœur déchiré par une violente inquiétude, il engage Briolet, fort affecté de même, à le seconder dans les recherches qu'il va entreprendre.

Il était donc encore grand jour, lorsqu'après avoir envoyé les domestiques de la maison dans les alentours, Edouard et le cousin se mirent en route, afin de parcourir eux-mêmes les promenades favorites de Lucia, les chaumes que sa bienfaisance lui faisait visiter souvent. Le courage des jeunes gens était en plus soutenu par l'espérance de rencontrer celle dont l'absence les inquiétait si fort, près du lit de quelque malade indigent, où elle se serait oubliée cette fois, comme tant d'autres, une nuit entière.

Mais, hélas! vaines démarches, nulle part Lucia, personne ne l'a vue de la journée, et cependant, c'était celle, que chaque semaine elle consacrait à répandre ses aumônes. La douleur d'Édouard est à son comble, des larmes abondantes s'échappent de sa paupière, il ne se soutient plus et tombe accablé sur la chaise que lui présente avec empressement, la vieille villageoise chez qui ils sont en ce moment. En vain, Briolet s'efforce-t-il à calmer ce chagrin profond, à faire revivre l'espoir dans le cœur du jeune homme.

La porte de la chaumière vient de s'ouvrir pour donner entrée à un enfant d'une douzaine d'années, petit-fils de la vieille femme, lequel, intimidé par la présence de deux étrangers, va se blottir dans un coin de la pièce, tout en jetant un regard curieux sur Edouard en ce moment absorbé dans ses pénibles réflexions.

— Pierre, t'a mené tes chèvres paître dans les fossés de la grand'route.

— Oui, grand'mère, je les y avons

laissées tout le jour, répond l'enfant.

— Dis-nous, garçon, t'aurions pas aperçu ce matin, mame Dormer, c'te jeune dame si bonne, qui venons souvent cheux nous?

— Oh! si, grand'mère, que je l'avons vue.

Edouard, arraché à ses pensées par les réponses de l'enfant, se tourne vers lui précipitamment, et lui demande en quel lieu il a vu Lucia.

— A ce matin, que j'étions sur le côteau avec mes chèvres, je l'avons vu marcher avec vous de dessus la route.

— Mais la vis-tu revenir, lorsqu'elle nous eut quittés? s'informe Briolet.

— Et oui, que je disons : à preuve, que j'ai eu une fameuse peur!

— Peur! de quoi? explique-toi, mon ami; hâte-toi, it Édouard avec feu, en s'emparant de la main de l'enfant, dont il s'est approché.

— Dam! voyez-vous, je regardions de loin c'te belle dame, qui s'en revenions sur la route, quand aussitôt deux voleurs, que j'avions pas aperçus, parce qu'ils étions cachés derrière un taillis, se jetont sur elle, lui bouchont les yeux et la bouche, pis l'emportont de force dans une voiture.

— Dans une voiture! s'écrient les deux jeunes gens.

— Dam! oui, avec quoi y se sont ensauvés.

Qu'on juge à ce récit de l'étonnement de Briolet et d'Edouard. Un enlèvement! qui a pu se rendre coupable d'une telle violence? Qui?... Son époux!... Oui, lui seul en était capable. Mais hélas! où peut-il la conduire? Que faire? comment sauver Lucia? où retrouver cette infortunée? Et disant ainsi, Edouard et Briolet, après avoir récompensé le petit chevrier, regagnaient leur demeure d'un pas rapide.

Toute une nuit sans sommeil, et passée par les jeunes gens à s'entretenir sur les moyens de découvrir les traces de Charles et de Lucia. Puis, le jour venu, déclaration du rapt devant le maire de la commune ; puis voyage à Paris ; démarches près de la police ; informations prises de toutes parts, et, durant cinq jours, la pénible attente des résultats qu'espérait Edouard des recherches commandées par lui. Rien, nulle nouvelle : c'est en vain que la police a mis ses limiers en campagne, rien n'a pu faire découvrir les traces des ravisseurs. Plus d'espérance donc ! il faut attendre désormais tout du hasard, attendre peut-être éternellement.

Plus d'un mois s'est écoulé sans apporter aucune consolation à Edouard, qui, faible, souffrant, inconsolable, a quitté la campagne, ces lieux où chaque objet lui rappelait amèrement la perte de Lucia, pour venir habiter, à Paris, le même appartement que Briolet. Briolet, parent de Lucia, qui, chaque jour, lui parle d'elle, la regrette avec lui, et forme des vœux sincères pour son retour. Aussi, notre malheureux amant a-t-il pris le cousin en affection, et souhaité sa présence près de lui.

Ah! que sont devenus ces génies protecteurs qui, au temps jadis, lorsqu'un preux chevalier avait perdu sa dame, enlevée par un perfide enchanteur ou un baron déloyal, vous conduisaient l'amant, d'une main invisible, juste sous le donjon qui renfermait sa belle. Combien le secours, la protection d'un de ces êtres surnaturels serait en ce moment précieux au pauvre Édouard ; ou plutôt pourquoi, imitant ces preux paladins, ces amans infatigables, ne va-t-il, chevauchant par monts et par vaux à la recherche de sa Dulcinée? Parce que notre jeune homme craindrait, en entreprenant une telle démarche, d'aller chercher à l'orient ce qui peut-être serait à l'occident.

Un matin que les deux amis s'entretenaient de l'objet chéri de leurs regrets, le vieux domestique d'Edouard vint interrompre son maître pour lui annoncer la visite d'une dame.

— Son nom? s'écrie vivement Morisson, dont le cœur, à cette annonce, a bondi d'espérance et de crainte.

— Mademoiselle Lolotte.

— Ce n'est pas elle! profère Edouard, en retombant tristement sur son siége.

— Comment, Lolotte? Que nous veut-elle? que demande-t-elle? fait Briolet avec surprise.

— Je l'ignore, monsieur.

— Faites entrer cette dame, répond Edouard.

Et la jeune fille, non comme jadis, avec aplomb et effronterie, mais d'un air décent, les yeux baissés, entre et salue les deux jeunes gens.

— Vous chez moi, Lolotte, s'écrie Edouard, en faisant asseoir la visiteuse.

— Je conçois, monsieur, que ma visite ait droit de vous surprendre; mais n'attribuez cette démarche qu'au désir qui m'anime de remercier Lucia du bien qu'elle a daigné faire à celle dont elle eut tant à se plaindre, à qui, depuis un mois, elle tend dans l'infortune une main secourable. Oui, c'est près d'elle, à ses genoux, que je viens implorer son pardon et l'oubli de mes fautes.

Alors Edouard, les larmes aux yeux et d'une voix émue, informe Lolotte de l'enlèvement de Lucia, de l'inutilité des démarches entreprises par lui et Briolet afin de retrouver ses traces. Alors, surprise de la jeune fille en recevant cette nouvelle inattendue, expression de ses regrets dont une larme confirme la sincérité.

— Hélas! oui, Lolotte, tel est le nouveau malheur qui est venu fondre sur nous inopinément; en d'autres temps, je vous eus accusée, ma chère, d'être de complicité avec le ravisseur, mais grâce à votre conversion je me garderai fort de lever sur votre compte le moindre soupçon, fait entendre Briolet, en s'adressant à Lolotte dont le visage, à ces mots, se couvre d'une vive rougeur, dont les yeux se fixent douloureusement vers la terre.

— Ah! loin de nous cette odieuse pensée, mademoiselle, dit Édouard s'apercevant de l'émotion de la jeune fille; oui, eprend-il, regrettez avec nous une amie précieuse; joignez-vous à nos efforts, à nos vœux, afin qu'elle nous soit rendue et que désormais entre vous et elle, la confiance et l'union remplacent l'inimitié.

— Tel était mon plus cher désir, et celui dont je croyais, près de Lucia, venir implorer la réalisation, répond Lolotte.

—Quoique la prudence nous aie conseillé de faire mettre les scellés sur tous les biens de ma cousine, soyez sans nulle inquiétude, ma chère, car les deux mille francs de rente que Lucia vous a fait promettre par moi, n'en seront pas moins exactement payé, dit aussi brusquement que maladroitement Briolet.

— Ces paroles ont droit de me surprendre, de me blesser même, car elles semblent indiquer qu'à l'intérêt seul vous attribuez, Briolet, la démarche que je fais en ce jour, répond la jeune fille humiliée.

— Non pas, car personne, plus que ce cher Edouard et moi, n'avons mieux foi en votre conversion ; ma chère Lolotte, excusez donc, si, homme un peu positif, je me suis sottement empressé de vous rassurer sur votre position pécuniaire. En cet instant la porte vient à s'ouvrir de nouveau, c'est encore un valet, il apporte une lettre qu'il remet à Édouard en lui annonçant qu'elle arrive de Viry-Châtillon où d'abord elle fut adressée. Cette lettre est souillée par la boue et d'un papier commun; et cependant, à peine Édouard a-t-il jeté un coup-d'œil sur la suscription, qu'en poussant un cri de joie il la porte à ses lèvres.

— De Lucia, mes amis!

— De Lucia! répète Briolet avec non moins de surprise et de joie.

— De Lucia! prononce aussi Lolotte,

mais péniblement et en laissant tomber sa tête sur son sein, car cette missive par sa présence vient subitement détruire un doux espoir qui, malgré elle et depuis quelques instans, s'était glissé dans son cœur.

— Ecoutez! écoutez! s'écrie Edouard; puis, après avoir fait entendre le contenu de la lettre.

—Les infâmes! ah! courons à son secours, courons à Genève, reprend-il aussitôt en quittant son siége et agitant le cordon d'une sonnette dont le bruit attire les domestiques.

— Hâtez-vous, une chaise de poste, des chevaux à l'instant même il faut partir.

— De Rinville! le misérable qui m'a dépouillé est avec Charles; ah! monsieur, permettez que je vous accompagne; car à Genève deux sentimens m'appellent aussi, la reconnaissance et la vengeance, Lucia et de Rinville, dit Lolotte en s'adressant à Édouard.

— Venez, venez, Lolotte, car Lucia a besoin de tous ses amis, répond le jeune homme.

Quelques heures sacrifiées aux apprêts du voyage, et tous trois munis d'anciens passeports roulent vers la Suisse. Genève, et nos voyageurs descendent dans une auberge située au centre de la ville; et sans prendre un seul instant de repos, Édouard et Briolet, après avoir secoué la poussière de la route et engagé leur compagne de voyage à se reposer durant leur absence, se lancent dans la ville afin de vaquer tout de suite à la recherche de Lucia, qui ignorant elle-même en quel endroit de la ville était située la maison qui lui servait de prison, n'avait pu l'indiquer sur sa lettre.

C'est donc aux autorités de Genève, qu'Édouard commence par déclarer le but de son voyage, et réclame protection en déclinant les noms et signalemens de Charles et de de Rinville. Ces noms ne sont point connus et ne se trouvent même pas sur le registre où s'inscrivent les étrangers qui habitent Genève. Edouard s'attendait à ce contre-temps; car des gens tels que ceux dont il s'informe, coupables de rapt et de vol, ne voyagent ni ne se présentent sous leurs véritables noms ; aussi le jeune homme, aidé de Briolet, après s'être de nouveau étendu sur le silgnalement des deux coupables, fait-il entendre la promesse d'une riche récompense à celui des émissaires de la police de la ville qui découvrira l'asile de Lucia et de ses ravisseurs.

Quinze jours d'attente, d'inquiétude, de recherches vaines, et cependant, toute la police de Genève n'a cessé d'être sur pied.

Quinze jours, qu'Édouard et Briolet parcourent la ville, interrogeant, fouillnat pour ainsi dire toutes les maisons, peines inutiles. Alors le découragement s'empare des jeunes gens, et cependant Lucia était à Genève lorsqu'elle écrivit... N'y serait-elle plus, Charles instruit de la missive, craintif d'être découvert et de se voir ravir sa proie aurait-il emmené Lucia en d'autres lieux? Quoi! pas une trace de leur passage, de leur séjour en ce pays, oh! malheur, malheur! Deux jours encore, puis une lueur d'espérance qui vint surprendre le le trio voyageur, c'est une invitation de la part des autorités, à se rendre à la maison de ville, afin d'y entendre des communications concernant Charles et de Rinville, invitation à laquelle Edouard et Briolet s'empressent de courir aussitôt.

— Les gens que vous cherchez, leur dit un employé, ont effectivement habité Genève l'espace de cinq semaines, où, sous le prétexte d'aliénation mentale, ils retenaient captive et sous la surveillance d'une garde-malade, une jeune femme, que l'un d'eux disait être la sienne. Ces deux hommes, arrivés en cette ville sous les noms de Montrose et Didier, accusés d'escroquerie et sous le poids d'un mandat d'arrêt, ont quitté une nuit, furtivement, la ville, sans qu'on sache en quel lieu ils se sont réfugiés.

— Partis ils nous échappent, les infâmes! s'écrie Edouard désespéré.

Et Briolet, non moins affligé, s'informe du nom et de la demeure de la femme qui a gardé la prétendue folle; et muni de ces renseignemens, le jeune homme entraîne Morisson hors de la maison de ville, dont ce dernier ne s'est éloigné qu'après avoir déposé un billet de banque sur le bureau de l'employé de police. C'est près de la garde-malade que Briolet et Lolotte espèrent trouver l'éclaircissement de leur doute et s'assurer si les personnages dont on vient de leur parler sont bien effectivement Charles, de Rinville et Lucia ; aussi, après avoir engagé Edouard à les attendre, tous deux se dirigent-ils aussitôt vers la demeure de la femme indiquée.

C'est dans un sale galetas, situé sous la mansarde, que les deux jeunes gens découvrent la vieille mégère, qui, à leur approche, fait entendre un sourd grognement en jetant sur eux un regard fauve.

— Bonjour, brave femme ! dit Briolet tout en se bouchant le nez, ainsi que sa compagne, afin de se garantir des exhalaisons méphytiques qui règnent dans ce taudis.

— Dieu vous garde! que voulez-vous? répond la vieille avec brusquerie.

— Obtenir de votre complaisance quelques éclaircissemens sur l'affaire qui nous amène près de vous, répond Lolotte.

— Expliquez-vous, car le temps me presse et le travail réclame ma présence au dehors.

— Or donc! abordons lestement la question, dit Briolet; vous avez, ce mois dernier, servi en qualité de garde-malade une jeune dame près de qui vous avaient placée deux hommes portant les noms de Charles Dormer dit Montrose, et l'autre de Rinville dit Didier?

— Je ne m'en rappelle pas, répond brusquement la vieille en hochant la tête.

— En vérité! voilà qui est surprenant; ce manque de mémoire, ma chère, a dû à l'avance vous être payé grassement; cependant, je vous engage à rappeler vos souvenirs et à nous répondre avec franchise. Tenez, cette bourse et l'or qu'elle contient seront, je pense, de puissans auxiliaires pour votre mémoire; car, s'il devait en être autrement, la police de Genève, qui nous députe près de vous et en son nom, se chargera seule alors d'obtenir de votre sincérité les aveux que nous en attendons, fait entendre Briolet en plaçant la bourse sur une table boiteuse.

— Hum! fait la vieille en grimaçant le sourire et jetant sur l'or un regard de convoitise.

— Allons, répondez, n'avez-vous quelquefois entendu appeler du nom de Lucia, celle dont on vous avait chargée de surveiller les actions.

— Mais oui, c'était ainsi que la nommait son mari, répond la vieille tout an allongeant une main sèche afin de s'emparer de la bourse dont cet aveu-là lui assure la possession.

— Plus de doute ! ce sont eux, se sont écriés ensemble Briolet et Lolotte.

— Dites-nous maintenant, ma chère, de quel côté ces personnages ont guidé leurs pas en s'éloignant de Genève.

— Croyez-vous donc qu'ils m'en aient instruite?

— Dam! ça pourrait être.

— Eh! bien, non, car ils ont fui la nuit en gens prudens et peu soucieux d'avoir à démêler avec la justice.

— Cependant, vous les vîtes partir? s'informe Lolotte.

— Non, car la veille ils m'avaient congédiée, en m'assurant que mes services leur evenaient inutiles ; mais ma commère Lavoyar, batelière du Lac, m'a assuré que vers le petit jour elle avait rencontré nos gens qui cheminaient à pied sur la route du Valais.

— A pied! Lucia, voyager à pied, et à cette heure! fait entendre Briolet avec surprise et pitié.

— Dam! oui, et que même la pauvre femme n'en paraissait pas être des plus contentes; car, m'a dit la commère, elle pleurait fort et ne paraissait céder qu'à la force.

— Pauvre Lucia! exclame Lolotte.

Encore quelques questions, et les deux jeunes gens s'en retournèrent vers Edouard qui les attendait avec la plus vive impatience, afin de lui faire part de ce qu'ils venaient d'apprendre, et presqu'aussitôt tous trois se mirent en route vers le Valais, afin de suivre, s'il était possible, les traces de

Lucia et de ses ravisseurs. C'est donc dans leur chaise de poste qu'ils voyagent sur une route charmante, s'arrêtant à chaque bourg, chaque habitation qu'ils rencontrent, afin de s'y informer si on n'y a pas reçu ou vu les personnages qu'ils cherchent et désignent ; à dix lieues de Genève, à l'entrée des montagnes, le maître d'un châlet, occupé à tresser de l'osier sur le banc de sa porte, et à qui nos voyageurs s'adressent, leur répond que huit jours avant, les personnes qu'ils désignent se sont arrêtées un instant chez lui afin d'y prendre quelque nourriture et de laisser reposer de la fatigue qui semblait l'accabler, une jeune femme, que l'un des deux hommes disait être son épouse, et de plus aliénée. Ces gens annonçaient se rendre à Sion, capitale du Valais.

— Merci, brave homme, répond Edouard.

Et ils continuent leur route, sans s'arrêter. Le soir, ils atteignent Sion, petite ville, dont la première auberge, quoique de pauvre apparence, reçoit nos voyageurs, que la fatigue et l'heure avancée contraignent à se reposer cette nuit entière.

— Hélas! trouveront-ils Lucia en cette ville? n'ont-ils pas perdu ses traces! est-ce bien effectivement à Sion que la conduit son époux! Oh! le jour, le jour, qu'il tarde à paraître, et que ces doutes sont cruels, pensait Edouard, dont le sommeil fuyait la paupière. Enfin il arrive, ce jour tant désiré, et nos jeunes gens se hâtent de parcourir la ville, de s'informer; mais, hélas! rien, nulle nouvelle.

Trois jours passés dans les recherches, et plus d'espoir. N'auraient-ils point séjourné dans Sion? auraient-ils continué leur voyage? Impossible! à pied, à pied! l'infortunée Lucia n'aurait pu entreprendre cette tâche. N'importe! il faut reprendre courage, aller plus loin, s'informer en tous lieux.

Et ce parti pris, la chaise roule sur la route de la Valteline, pays des Grisons. Huit lieues de faites, et la faim qui tourmente nos voyageurs, les contraint à s'arrêter à une petite auberge isolée pour se faire servir à déjeûner et adresser aux gens qui l'habitent les questions d'usage.

Oui, en effet, ils ont vu deux hommes et une femme malade, tous trois étrangers au pays et de fort mauvaise mine. Il y a à peu près douze jours de cela, après avoir fait un chétif repas à l'auberge, ces voyageurs ont quitté la route pour s'enfoncer dans les montagnes, qu'ils doivent habiter encore, car, trois jours avant, le plus jeune des deux hommes était venu le soir acheter du pain à l'auberge.

— Bravo ! nous les tenons enfin, fait entendre Briolet.

— Dieu le veuille, mais ne nous réjouissons pas d'avance, répond Edouard.

Alors, on convient de ne point aller plus avant, de se fixer en cette auberge, d'où chaque jour nos deux jeunes gens partiront pour exploiter les montagnes et les habitations d'alentour.

Très-bien ! mais Lolotte veut être aussi de l'expédition, en prétendant que six yeux et six oreilles voient et entendent mieux que quatre, et, malgré les scrupules d'Edouard, qui redoute pour elle l'excès de la fatigue, notre jeune fille n'écoutant nulle considération, se met de suite en marche avec ses compagnons.

CHAPITRE XI.

CONCLUSION.

— Ainsi donc, si je vous en croyais, nous céderions lâchement à l'entêtement d'une femmelette, et renoncerions à cette fortune qui doit un jour devenir la récompense de nos dangers et de nos fatigues?
— Oui, j'y suis décidé; car je ne me

sens pas le courage de torturer plus longtemps une infortunée, dont l'état me fait pitié.

— Fou! être sans caractère!

— Tant qu'il vous plaira, capitaine; mais je sens que vous ne m'avez pas encore rendu assez scélérat, pour être maître absolu de ma conscience et pouvoir braver impunément les lois divines et humaines. Réfléchissez à la position dans laquelle nous nous sommes placés : sans argent, sans nulle ressource, en pays étranger, errant ainsi que des bandits, de rochers en rochers, et n'ayant pour asile qu'une misérable chaumière dont, d'un instant à l'autre, nous pouvons être chassés. Est-ce là le sort que vous fîtes briller à mes yeux lorsque vous m'arrachâtes à ma condition de valet d'écurie, qui, quoique misérable, était cent fois préférable à celle dont nous jouissons en cet instant.

— Mais alors, devais-je penser que nous nous laisserions maladroitement entraîner de nouveau par la passion du jeu ? que la chance nous serait sans cesse défavorable ? plus encore, que par votre faiblesse vous laisseriez échapper l'unique occasion de ressaisir sur votre femme vos droits et son or.

— Quant à ce dernier point, je crois avoir tenté tous les moyens possibles pour réussir, mais je ne puis torturer davantage cette malheureuse créature.

— Ainsi donc, vous renoncez à achever l'entreprise, et après avoir usé largement de la bourse que j'ai mise généreusement à votre service, vous comptez ramener Lucia à son amant, accepter humblement la pension que vous méritera de sa part votre soumission, et m'abandonner lâchement à mon triste sort ?

— Telles sont mes intentions, en priant le ciel de vous restituer l'argent que vous m'avez avancé.

— Très-bien ! vous refusez même jusqu'à tenter un dernier effort près de votre femme.

— Il serait superflu, car elle ne cédera pas.

— Quelques jours encore, et sa volonté fléchira devant la nôtre; car sa position dans cette cabane, les privations qu'elle y éprouve sont intolérables, reprend de Rinville.

— Dans quelques jours, l'infortunée ne serait plus qu'un cadavre, et je frémis à l'idée d'être son assassin.

— Imprudent ! que savez-vous si, rendue à la liberté, à ses amours, à ses richesses, Lucia, rancunière des maux que vous lui avez fait souffrir, ne vous refusera pas les secours qu'exigent votre misère et le titre d'époux.

— Me croyez-vous donc tombé à un tel degré de bassesse, que je spécule encore sur les bienfaits de cette femme? Détrompez-vous, car refusant tout ce qui pourrait m'être offert par elle, après l'avoir rendu à son pays, je veux quitter la France, l'Europe même, enfin, aller mourir loin d'elle, d'amour, de regret et de honte.

— Faites donc! pauvre fou, répond de Rinville en haussant les épaules, mais en affectant le ton de l'insouciance.

Cet entretien venait d'avoir lieu entre ces deux hommes sur la pierre d'un rocher où ils étaient assis, et tout près d'une misérable cahute couverte en chaume, le tout situé dans le défilé d'une des montagnes désertes du pays des Grisons, où Charles et de Rinville, dénués d'argent, avaient été contraints de séjourner, afin de laisser à Lucia le temps de se reposer et de rétablir ses forces épuisées par la fatigue d'une longue marche et le presque défaut de nourriture. Ce fut donc en cherchant à éviter la grande route, afin de mieux isoler leur victime, en marchant à travers les rochers, qu'ils avaient découvert cette cabane abandonnée depuis long-temps à cause de son mauvais état, et où, à tour de rôle, Charles et de Rinville se détachaient afin d'aller acheter, dans les habitations de la plaine, un peu de pain noir, qui depuis plusieurs semaines faisait leur unique nourriture. Le soleil touchait à son déclin, et les vivres manquaient en ce moment, il était donc nécessaire de descendre la montagne afin de s'en procurer de nouvelles ; alors de Rinville de rappeler à Charles que cette fois la corvée lui est acquise, et qu'il ait à ménager la dernière pièce qui leur reste jusqu'à ce que le prix

a venté d'une fort belle paire de pisto-
, qu'ils ont conservée pour leur défense
>référence à tout autre objet, ait remonté
 caisse et les ait mis à même de quit-
ces montagnes, aussitôt que les forces
Lucia les leur permettraient. Or, de
ville, chargé du soin de surveiller la
ne femme, que l'un ou l'autre ne perdait
ais de vue, de Rinville donc rentre dans
haumière, dont il referme la porte avec
caution; tandis que Charles, de son
é, se met à descendre vers la vallée, par
route qui la traverse, et se rend à l'au-
ge où, deux jours avant, se sont arrêtés
ouard, Briolet et Lolotte.
Une chambre, ou plutôt un caveau hu-
de, qu'éclaire une lucarne en vétusté,
e pierre pour table, de gros cailloux pour
ges, et un amas de feuilles sèches, placé
ns un des coins de cette masure, et sur
|uel sommeille Lucia méconnaissable,

pâle, amaigrie, la chevelure en désordre et les vêtemens couverts de fange. De Rinville, dont la présence n'a pas éveillé l'infortunée, la contemple quelques instans en silence.

Le sot! se rebuter devant la volonté de cette chétive créature; vouloir rejeter dans les bras d'un amant sa propre épouse, la femme qu'il aime encore. Pauvre être! qui ne sut jamais avoir une volonté à soi, qui rend les armes au moment du triomphe, qui prétend me rendre victime de ses sots scrupules!... Eh! bien, pars, fuis au-delà des mers; va, si tu veux, chercher la fortune ou la mort sous des climats brûlans; mais alors, à moi ton épouse et sa fortune! Et terminant ainsi, de Rinville s'étend près de Lucia, qu'il enlace de ses bras, qu'il arrache au sommeil en la pressant fortement sur sa poitrine, en couvrant son visage, ses lèvres, de caresses amoureuses. Lucia ouvre la paupière, prononce tendrement le nom d'Edouard, suite d'un doux rêve; puis, rappelant ses idées, reconnaissant de Rinville, elle pousse un cri d'effroi, et veut échapper à ses étreintes.

— Le sort en est jeté, ma belle, que ta possession me récompense en ce moment de trois années d'un amour violent et discret!

— Au nom du ciel, ayez pitié de moi! grâce, grâce! ou la mort! s'écrie la pauvre femme en luttant de toutes ses forces contre les tentatives criminelles de l'infâme capitaine.

— Enfant! il faut céder, car nul secours humain ne viendra à ton aide; deviens donc ma maîtresse, et qu'un avenir s'écoule pour nous dans les amours et l'opulence; Lucia, cède, faible femme, et ne me contrains pas, par une plus longue résistance, à meurtrir tes membres sous mes doigts.

— Pitié! pitié! donnez-moi la mort, la mort pour Dieu, la mort!!! implore avec désespoir et la tête perdue, l'infortunée, accroupie aux genoux de de Rinville, qui, sourd à ses prières, insensible à ses larmes, n'en continue pas moins de la souiller par d'impures caresses, contre lesquelles Lucia, épuisée, n'oppose plus que ses cris et ses gémissemens.

Le crime allait donc se consommer et la vertu de la pauvre Lucia s'envoler avec son dernier soupir, lorsque le bruit occasioné par les secousses violentes données sur la porte, arrêtèrent de Rinville et lui firent abandonner sa victime.

— Qui va là? s'écrie-t-il d'une voix furieuse en s'emparant des deux pistolets dont il arme la détente. Nulle autre réponse à sa demande que le craquement de la porte qui cède et tombe avec fracas, et dont l'ouverture laisse voir au scélérat stupéfait, Charles, suivi d'Edouard et de Briolet, prêt à fondre sur lui. C'est alors que ne se contenant plus, de Rinville fait feu de ses deux armes sur le groupe, et étend sur la terre l'époux de Lucia et l'infortunée Lolotte, qu'une balle venait d'atteindre au sein au moment où, arrivée la dernière, elle se présentait à l'entrée de la chaumière. Edouard et Briolet essaient en vain de se saisir du capitaine, car, d'un bond furieux, cet homme s'élance hors de la chaumière; d'une course rapide descend la montagne et disparait bientôt aux regards des deux jeunes gens, qui, peu soucieux de suivre ce misérable, s'empressent de porter secours à Lucia étendue mourante sur la terre. Elle renait, fixe Édouard avec égarement, laisse échapper un cri de surprise, de joie, puis tombe dans ses bras dont un soupir, une voix douloureuse l'arrachent aussitôt. Lucia promène son regard autour d'elle, aperçoit Charles qui, baigné dans son sang, fixe sur elle des yeux mourants. Alors la jeune femme court à lui, tombe à genoux, cherche la blessure, et son époux, s'emparant de sa main, de lui murmurer :

— Pardonne! sois heureuse! Cela dit, il expire aussitôt. Quant à Lolotte, sa blessure lui avait tout de suite donné la mort.

Après deux années de deuil et d'une retraite austère à l'Abbaye-aux-Bois, Lucia unit son sort à celui d'Edouard Morisson. Briolet, revenu de son penchant pour les veuves, devint l'époux d'une jeune, jolie, riche et sage demoiselle, cousine germaine d'Edouard.

Quant au capitaine de Rinville, ce fut

près la mort de Charles, qu'un jugement de la cour d'assises le condamna à finir ses jours au bagne de Toulon.

FIN.

TABLE DES CHAPITRES

CONTENUS

DANS LE DEUXIÈME VOLUME.

Chap. I.	— Encore deux mois.	3
II.	— Le lendemain.	21
III.	— Pauvre Charles.	67
IV.	— D'Auteuil à Marseille.	89
V.	— Comme se vengent les amans.	124
VI.	— Suite du précédent.	159
VII.	— Un an d'entr'acte.	189
VIII.	— L'enlèvement.	209
IX.	— Les chevaliers d'industrie.	233
X.	— Les chevaliers errans.	257
XI.	— Conclusion.	283

FIN DE LA TABLE.

FONTAINEBLEAU. — Imprimerie de E. JACQUIN.

Rabais considérable.

Romans, format in-12, à 1 fr. le volume.

Le Baron Lamothe-Langon.

LA FEMME DU BANQUIER, 4 vol. in 12.	4 f.
LE DIABLE, 5 vol. in-12.	5 f.
LE CHANCELIER ET LES CENSEURS, 5 vol.	5 f.
MONSIEUR ET MADAME, 4 vol.	4 f.
MADEMOISELLE DE ROHAN, 4 vol.	4 f.
L'AUDITEUR AU CONSEIL D'ETAT, 4 vol.	4 f.
LES MYSTÈRES DU CHATEAU DE BEAUVOIR, 4 v.	4 f.
LA NIÈCE DU CURÉ, 4 vol.	4 f.
MARQUISE ET CHARLATAN, 4 vol.	4 f.

E.-L. Guérin.

LE MARI DE LA REINE, 4 vol.	4 f.
LE ROI DES HALLES, 4 vol.	4 f.
LA FILLE DU CAPITAINE, 4 vol. in-12.	4 f.
LA MODISTE ET LE CARABIN, 4 vol. in-12.	4 f.
ROBERT MACAIRE et son ami Bertrand, 4 vol.	4 f.
L'IMPRIMEUR ou les mauvais conseils, 5 vol.	5 f.
LA MAITRESSE DE MON FILS, 4 vol.	4 f.

Maximilien Perrin.

L'AMANT DE MA FEMME, 5 vol.	5 f.
L'AMOUR ET LA FAIM, 4 vol.	4 f.
LA FILLE DE L'INVALIDE, 4 vol.	4 f.
LES MAUVAISES TÊTES, 4 vol. in 12.	4 f.
LA FEMME ET LA MAITRESSE, 4 vol.	4 f.
LES SOIRÉES D'UNE GRISETTE, 4 vol.	4 f.
LE MARI DE LA COMÉDIENNE, 5 vol.	5 f.

Auguste Ricard.

LA CHAUSSÉE D'ANTIN, 4 vol.	4 f.
MA PETITE SOEUR, 4 vol.	4 f.
NI L'UN NI L'AUTRE, 4 vol.	4 f.
LES VIEUX PÉCHÉS, 6 vol.	6 f.
COMME ON GATE SA VIE, 5 vol.	5 f.

Romans divers.

LA PAUVRE ORPHELINE et le Bourru bienfaisant, par Sainville, 4 vol	4 f.
LES MYSTÈRES DE l'HOTEL DE SENS, par Amédée de Bast, 4 vol.	4 f.
LE BOUQUET DE LA REINE, par le même, 4 vol.	4 f.
LE BRIGAND DES PYRÉNÉES, par H. Vallée, 4 vol.	4 f.

Imprimerie de Pommeret et Guenot, rue et hôtel Mignon, 2.

www.ingramcontent.com/pod-product-compliance
Lightning Source LLC
Chambersburg PA
CBHW071525160426
43196CB00010B/1659